www.tredition.de

AF186339

Gisa Steeg

Buen Camino

Mit Rucksack statt Nagellack auf dem Jakobsweg

www.tredition.de

Impressum

© 2019 Gisa Steeg

Verlag und Druck: tredition GmbH, Halenreie 40-44, 22359 Hamburg

ISBN

Paperback: 978-3-7497-7457-9
Hardcover: 978-3-7497-7458-6
e-Book: 978-3-7497-7459-3

Kontaktdaten:

Gisa Steeg
Steh-auf-Coach, Autorin, Dozentin und Trainerin
Danziger Straße 2
69514 Laudenbach
www.gisa-steeg.de
www.power-emotion-room.de

Telefon: +49 (0) 152 33 92 17 26
Email: gisa-steeg@email.de

P.S. Die Namen der Mitpilger habe ich verändert, etwaige Ähnlichkeiten sind rein zufällig.

Inhaltsverzeichnis

Vorwort

Es gibt zahlreiche Bücher und Geschichten über den Jakobsweg und so viele Menschen beschreiben, wie sie ihn geschafft haben. Doch ich habe noch keines gelesen oder gesehen, welches von jemandem geschrieben wurde, der „gescheitert" ist. Es wird also höchste Zeit.

Deshalb habe ich beschlossen über meinen Weg zu schreiben. Darüber, welche Fehler ich gemacht habe, welche persönlichen Grenzen ich akzeptieren lernen musste und wie die Höhen und Tiefen meiner Emotionen mich führten. Was hätte ich besser oder anders machen können? Fest steht, ich bin heiter gescheitert. Was dieser Umstand mit mir gemacht hat und wie ich damit umgegangen bin, möchte ich mit euch teilen. Aber nicht nur das, mit diesem Buch möchte ich Menschen Mut machen, die vielleicht auf ihrem Wege aktuell, wie ich auf dem Jakobsweg, mutlos dastehen und nicht weiterwissen. Ein Buch für Menschen, die ein bisschen Aufmunterung auf ihrem Lebensweg gebrauchen können, um ihren persönlichen Weg mit allen Hürden des Lebens voller Heiterkeit, Lebensfreude und Leichtigkeit gehen zu können.

- Ich kann dir nur sagen: „Scheiter heiter!"

- Wer sich nie auf den Weg macht, wird nie lernen mit Hindernissen oder Krisen richtig umzugehen.

- Wer immer dieselben Wege geht, wird immer dieselbe Aussicht haben.

- Wer aufbricht, wird entdecken.

- Wer abbricht, kann neu beginnen.

- Wer noch einmal losgeht, kann auch ankommen.

- Wer Schritt für Schritt geht, kann einiges hinter sich lassen.

- Wer fortgeht, kann auch wieder zu Hause ankommen.

Es wird immer einen Weg nach dem Weg geben. Dabei ist es egal, welchen Weg wir gehen werden, er wird nie derselbe sein wie zuvor.

Wir selbst werden nie wieder dieselben sein, wie zuvor ...

Gisa Steeg

1. Der Jakobsweg

 „Jeder hinterlässt seine Spuren auf dem Camino und der Camino hinterlässt seine Spuren in jedem." Gisa Steeg

Fußabdrücke - Spuren im Sand - Camino

Alle gehen den einen Weg -
sie hinterlassen Spuren im Sand
alle gehen in eine Richtung -
sie hinterlassen Spuren im Sand
alle haben das eine Ziel -
sie hinterlassen Spuren.

Es sind so viele Menschen
so viele Geschichten
so viele Schicksale
so viel Trauer
so viel Liebe
so viel Mut
so viel Magie
so viel Hoffnung
so viel Verbundenheit

Es ist so viel Zauber auf dem Weg und vor allem Respekt, Wertschätzung, Achtsamkeit vor dem Sein des anderen.

Das wünsche ich mir und dir im Alltag und im wahren Leben.
Welchen Abdruck und welche Spuren möchtest du hinterlassen?

Fühle dich eingeladen, vor der nächsten Begegnung, einmal darüber nachzudenken, online wie offline.

Gisa Steeg

Der Jakobsweg

Wenn ich hier über den Jakobsweg, viel mehr über meinen ganz persönlichen Jakobsweg berichte, möchte ich dir kurz die Geschichte jener berühmten Pfade nahebringen.
Im Jakobskult dreht sich alles um den Apostel Jakobus der Ältere, eine Figur des Neuen Testaments im Zuge der Jünger Jesu. Um ihn ranken sich viele Legenden.

Eine davon ist der Märtyrertod durch Enthauptung, um ca. 44 n. Christus. Sein Leichnam wurde der Legende nach in der spanischen Stadt Santiago de Compostela (Galicien) begraben. Im 9. Jahrhundert wird Apostel Jakobus zum Nationalheiligen erklärt. Jakobus, der sich während der Jüngerschaft an der Seite Jesu nicht immer rühmlich zeigte, zählt heute zu den berühmtesten Heiligen weltweit.

Seit über 1.000 Jahren wandern Pilger schon zu seinem Grab, um Heil und Vergebung zu erfahren. Eigentlich gibt es nicht den einen Jakobsweg, es gibt eine Vielzahl von Wegen durch ganz Europa und alle enden in Santiago de Compostela am legendären Grab des Apostel Jakobus.

Als Jakobsweg wird in erster Linie der Camino Francés verstanden, die Strecke führt von den Pyrenäen zum Jakobsgrab und verbindet die Königsstädte Jaca, Pamplona, Estella, Burgos und León miteinander. Diese Route entstand in der ersten Hälfte des 11. Jahrhunderts und war eine Hauptverkehrsachse Nordspaniens und wird heute noch so begangen.

Das Pilgern war lange Zeit in Vergessenheit geraten. Seit den 1970er und 1980er erfährt das Pilgern eine zunehmend moderne Form der Ruhesuche. Zurück zur Natur im Einklang mit sich selbst.

Nach dem Aufruf 1982 von Papst Johannes Paul II. und des Europarates erfuhren die Pilgerfahrten nach Santiago de Compostela eine deutliche Wiederbelebung. Der spanische Hauptweg wurde 1993 in das UNESCO-Welterbe aufgenommen. Zuvor schon hatte der Europarat im Jahre 1987 die Wege der Jakobspilger in ganz Europa zur europäischen Kulturroute erhoben.

Durch Bücher von Menschen wie Paulo Coelho, Shirley MacLaine oder Hape Kerkeling zählt das Pilgern heute zu den populären Freizeitgestaltungen. Das Pilgerbüro in Santiago de Compostela registriert seit den Buchveröffentlichungen eine deutliche Zunahme an Pilgergästen. Nach dem Buch von Paulo Coelho machten sich viele brasilianische Bürger auf zum Grab des heiligen Apostel Jakobus. Das Buch von Hape Kerkeling *„Ich bin dann mal weg"* versetzte die Deutschen in den Rausch der Pilger-Auszeit.

Heute stehen nicht mehr nur religiöse Gründe im Vordergrund, um sich aufzumachen, den Jakobsweg zu beschreiten. Oft sind es sportliche, spirituelle und touristische Motive, die eine größere Rolle spielen. Viele Menschen gehen den Weg nach schweren Krisen, wie Krankheit, Tod eines geliebten Menschen, Trennungen oder weil sie an einem Wendepunkt in ihrem Leben stehen. Zumeist ist der Jakobsweg dann der Beginn von etwas Neuem im Leben des Pilgers.

Mir sind sehr viele Menschen auf dem Jakobsweg begegnet, die genau an ihrem Wendepunkt standen. Da waren Ella, die den Abstand brauchte, weil sie eine Trennung hinter sich hatte. Georg, der gerade das Abitur gemacht hatte und Inspiration suchte. Eine Amerikanerin, die das Abenteuer suchte und ihre Liebe fand. Da war die Walliserin, die ihr Studium fertig hatte und mit ihrem Vater auf dem Weg war. Eine Italienerin, die ihre Trauer verarbeiten wollte und so mit einer Gruppe unterwegs war, die ihr Halt gab. Mir sind in der Tat wenige begegnet, die sich aus religiösen Gründen auf diesen faszinierenden Weg begeben haben.

2. Wenn der Camino dich ruft

 „Unsere Sehnsüchte und Wünsche sind der beste Beweis, dass unsere Seele und unser Innerstes nach etwas Höherem suchen! Wir dürfen auf diese Stimmen hören und ihnen dankbar folgen." Gisa Steeg

Löffelliste

Kennst du so etwas, wie die Löffelliste? Das ist eine Liste mit Dingen und Wünschen, die du noch erleben und umsetzen möchtest, bevor du den Löffel abgibst.

Auf meiner Löffelliste stand seit langem schon die Idee, irgendwann den Jakobsweg zu gehen. Doch irgendwann ist eine verdammt lange Zeitspanne und für viele Dinge oder Menschen gibt es eben kein irgendwann mehr. Das weiß ich seit meiner Jugend und meinem jungen Erwachsen sein.

Als ich 16 Jahre alt war, starb mein Vater an den Folgen eines Schlaganfalls. Er war zu diesem Zeitpunkt 56 Jahre alt. Meine Mutter starb ein paar Jahre später ebenfalls mit 56 Jahren an den Folgen einer OP. Ich war damals gerade 21 Jahre alt.

Zwei Jahre später starb einer meiner Brüder bei einem Verkehrsunfall. Er wurde mit nur knapp über 30 Jahren aus dem Leben gerissen.

Sie alle hatten noch Träume, Pläne und Ziele, die sie irgendwann erreichen wollten. Doch für sie gab es nie ein IRGENDWANN, ihr Leben war plötzlich von heute auf morgen vorbei. Mit diesem Wissen und Bewusstsein, dass es für manche Träume und Wünsche kein irgendwann geben wird, habe ich mein weiteres Leben gelebt.

Solche Erfahrungen prägen und machen einem die Kostbarkeit des Augenblicks erst richtig bewusst. Doch der Alltag sagt uns oft etwas anderes und immer, wenn in unserem Leben ein Wendepunkt eintritt und wir so eine Art Inventur machen und unser Leben neu sortieren, erinnern wir uns an unsere eigenen Wünsche.

Genauso ein Wendepunkt war es in meinem jetzigen Lebensabschnitt. Ich bin fast 50 Jahre alt und habe eine Beziehung hinter mich gebracht, die mich sehr viel Kraft und Energie kostete. Ich brauchte endgültig den nötigen Abstand, um Dinge zu reflektieren und um mich neu zu sortieren. Nur wie genau ich das anstellen sollte, das wusste ich zu dem Zeitpunkt noch nicht.

Aber, ich wäre nicht Gisa, wenn ich die Zeichen und Hinweise des Lebens nicht sehen würde, und so präsentierte sich mir auf Facebook sogleich ein interessantes Posting. Clarissa, die ich vor einem Jahr auch außerhalb der Mysterien des World Wide Webs persönlich kennenlernen durfte, schrieb, dass sie Reisen für den Jakobsweg organisiert und plant. Das war das Zeichen, „der Camino rief nach mir" und ich folgte. Der Moment könnte nicht passender sein. Aus meinem „irgendwann" wurde ein lautstarkes „jetzt".

Sogleich schrieb ich ihr, dass ich dabei sein will, und fragte sie, wann genau der Termin stattfinden würde? Im ersten Moment sah es aus, als ob es zeitlich nicht passen würde, weil ich in der geplanten Woche ein Seminar angesetzt hatte. Mist. Doch nun war ich angefixt, was tun, ich wollte unbedingt dabei sein. Der Jakobsweg hatte mich laut und deutlich gerufen, das Feuer und der Wille waren in mir entfacht.

Kann ich es allein durchziehen? Traue ich mir das zu? Nein, ich habe keine Ahnung, wie das so läuft, wie man mit Rucksack verreist, wo ich starten sollte, wie das mit den Übernachtungen ist, was ich dafür alles brauche?

Ich hatte keine Ahnung und steckte voll in verschiedenen geschäftlichen Aufträgen und Projekten und hatte weder Lust noch Zeit mich intensiv darauf vorzubereiten.

Mit einem „Guide", einer bereits erfahrenen Person auf diese doch etwas außergewöhnliche Reise zu gehen, gab mir Sicherheit. Nicht, dass ich kein Selbstbewusstsein hätte, oder in meinem Leben bis jetzt nie selbst Reisen gebucht oder gar allein verreist wäre, doch auf den Jakobsweg zu gehen und zu pilgern, das war eben eine ganz andere Hausnummer als meine bisherigen Urlaube. Ich liebe es mich in schönen Hotels, Ferienwohnungen oder in Wellness-Tempeln verwöhnen zu lassen, schicke Klamotten und meine Lieblingskosmetika in den Koffer zu packen und ab in den Flieger zu steigen oder selbst das Steuer meines Autos in die Hand zu nehmen und munter durch den Verkehr zu lenken.

Plötzlich fragte Clarissa nach, ob es auch eine Woche früher funktionieren würde und mein Herz hüpfte, yes. Ich selbst hatte meinen Auftrag und meinen Workshop bereits umgebucht und neu geplant, also stand meinem Vorhaben nichts mehr im Wege. Voller Freude postete ich es auf Facebook und siehe da, es meldeten sich einige Interessenten, die auch gerne mitgehen wollten, aber nicht wusste wie und wann.

Also verwies ich sie an Clarissa. Es entstand eine kleine Gruppe von drei Frauen und wir bekamen die ersten Anregungen und Tipps und eine Einladung in ihre

Facebook-Gruppe. Clarissa schickte uns ein Video von einer so traumhaft schönen Pilgerherberge, in der wir dann wohl in der 2. Nacht schlafen würden und ich freute mich nur noch darauf.

Je näher der Termin rückte, desto mehr stieg meine freudige Stimmung und ich bestelle mir meinen Pilgerausweis und den empfohlenen Reiseführer. Bei der Bestellung des Reiseführers musste ich unweigerlich lachen, denn mir wurde das Blasenpflaster gleich mit ans Herz gelegt. Das nenne ich mal Cross-Selling und äußerst geschäftstüchtig.

 Botschaft des Tages:

Der Camino ruft dich, wenn es Zeit für dich ist und dann gibt es immer eine Lösung und einen Weg, den Weg zu gehen. Höre auf dein Herz und wenn du auf dein Herz hörst, haben deine Ausreden Sendepause.

3. Die Zweifel

 „Man muss schon den Mut und das Vertrauen haben, etwas Neues zu wagen, um etwas Neues zu entdecken!" Gisa Steeg

So nun hatte ich meinen Reiseführer und Pilgerausweis erhalten. Als ich im Reiseführer blätterte und mir die Strecke, die wir laufen wollten, so ansah, die Länge und die Höhenmeter, bekam ich die ersten Zweifel. Mein Arsch ging mir gerade doch etwas auf Grundeis.

In meinem Kopf dröhnte es nur so: „Was tue ich mir eigentlich an? Schaffe ich das überhaupt? Ich habe zu viel Hüftgold und bin völlig untrainiert. Wer wird mir wohl begegnen? Wie werden meine Gefühle oder Gedanken auf mich einwirken? Außerdem bin ich nicht gläubig. Muss ich am Ende vielleicht einen christlichen Hintergrund haben, um zu pilgern? Wie werde ich zurückkommen? Werde ich mich verändern? Wird der Weg mich verändern?"

Fragen über Fragen, die mich auf einmal quälten.

Und dann war da noch mein Umfeld, das nicht nur meine Zweifel weiter schürte, nein auch noch Ängste platzierte, wo zuvor keine waren. „Gisa, du willst doch nicht als Frau alleine auf den Jakobsweg gehen! Was, wenn du vergewaltigt wirst!"
„Das bist du doch gar nicht!" oder „Das kann ich mir bei dir überhaupt nicht vorstellen, mit deinen rot lackierten Fingernägel!" „Gisa, du bist wahrscheinlich die erste Frau auf dem Jakobsweg mit rot lackierten Nägeln." usw.

Na, vielen Dank aber auch. Das war genau das, was ich gebrauchen konnte. Ich wäre nicht Gisa, wenn ich die Zeichen des Lebens nicht wahrnehmen würde, denn in dem Moment erinnerte ich mich an einen meiner Tagesimpulse, die ich seit Jahren schon auf Facebook poste.

„Angst entsteht im Kopf, Mut auch!"

Was würde ich in so einer Situation meinen Coaching-Klienten empfehlen? „Fokussiere dich auf dein Ziel, nicht auf die Angst!"

Was war mein Ziel? Genau das, zwei Wochen auf dem Jakobsweg pilgern und diese Zeit so bewusst und intensiv gestalten, wie es gut für mich ist und nicht für mein Umfeld.

Also fasste ich den Entschluss, wenn mir wieder einmal jemand seine Ängste oder Zweifel online oder offline überstülpen wollen würde, dann würde ich diese deutlich zurückweisen. Deren Ängste haben in meinem Kopf nichts zu suchen. Für diese Ängste sind ihre Eigentümer selbst zuständig und den Nagellack kann ich abmachen.

 Botschaften des Tages:

1. Wenn du etwas wirklich willst, findest du die Lösung in dir und wenn du dich auf dein Ziel fokussierst statt auf die Angst, dann kannst du dir deinem Erfolg sicher sein.

2. Es wird immer Zweifler geben, die dich von deinem Vorhaben abhalten wollen, denke daran, es sind deren Ängste und nicht deine. Du entscheidest selbst, ob du sie zu deinen machst.

3. Deine Gedanken und dein Gehirn sind wie dein Wohnzimmer und da lässt du auch nicht jeden mit schmutzigen Stiefeln durch latschen, also lasse dir keine Zweifel in dein Gehirn pflanzen, wo zuvor keine waren.

4. Die Planung

 „Es ist Zeit, etwas Neues zu Beginnen und dem Zauber des Anfangs zu vertrauen." Meister Eckart

Genauso fühlte ich mich, an einem Neubeginn eines Projektes stehend, dass in mir jetzt schon das Gefühl von Zauber und Magie auslöste. Jede Reise ist ein Neubeginn und ein Projekt und bedarf einer gründlichen Vorbereitung. Diese Reise war für mich ein ganz besonderes Projekt in meinem Leben und bedurfte deshalb einer intensiven Planung.

Der Jakobsweg macht etwas mit einem und das geht schon vor dem ersten Schritt los. Das wurde mir bei den vielen Zweifeln bewusst. Nicht, dass mir meine eigenen schon gereicht hätten, die Zweifel der anderen trugen ihr Übriges dazu bei.

Es wird eine spezielle Reise werden, eine Reise mit mir und näher zu mir selbst, das Gepäck immer dabei, jeder Tag wird anders werden, jede Begegnung vielleicht nur einmal stattfinden. Jeder Schritt wird mich meinem Ziel näherbringen. Ich entscheide selbst, was ich im Gepäck haben werde und mit was ich meine Reise „beschweren" würde. Werden es meine Gedanken sein oder ein viel zu voll gestopfter Rucksack auf meinen Schultern? Bürde ich mir im Bestreben nach Erfolg eine Last auf, die ich möglicherweise gar nicht tragen kann?

Mir wurde die Analogie zum wahren Lebensweg immer klarer:

> ➢ Nur wenn ich in meinem Leben mein Ziel kenne, kann ich meine Navigation planen und programmieren, so ist es mit dem Jakobsweg auch.

Ich kannte jetzt mein Ziel und nun musste ich planen, wie ich meine Ressourcen, meine Fähigkeiten einteilen würde. Nicht nur meine „Software", sprich meine Gedanken und Einstellungen, sondern auch die „Hardware" muss stimmen. Was braucht es an Ausrüstung?

Also las ich im Reiseführer, recherchierte im Netz, schaute mir Reiseberichte auf YouTube an und bekam noch mehr Respekt vor meinem Vorhaben und vor den Menschen, die den Weg bereits gemeistert hatten. In mir erwachte auf einmal so viel Vorfreude, sodass sich die Anspannung in eine freudige Spannung wandelte.

Dann bekam ich von der Verkehrsbehörde einen Brief: „Sehr geehrte Frau Steeg, wir bitten Sie, Ihren Führerschein für 4 Wochen in unsere Obhut zu geben:" Ok, ich gebe es zu, die Formulierung im Brief war nicht ganz so freundlich, aber das änderte auch nichts an der Tatsache, dass ich meinen Lappen für vier Wochen los war und zu Fuß gehen musste.

Wer mich kennt, weiß, dass ich immer, also weitestgehend, positiv denke und mich frage: „Was ist das Gute am Schlechten?"
Im August werde ich geplante zwei Wochen zu Fuß mit dem Rucksack auf dem Jakobsweg unterwegs sein. Hey, was soll's, dann nutze ich die zwei Countdown-Wochen davor und die Zeit, um mich warmzulaufen, und zum Entschleunigen. Welch ein wundervoller Plan, nur musste ich bei meiner weiteren Planung und den Vorbereitungen genau diesen Umstand berücksichtigen.

Da ich noch nie mit einem Rucksack im Urlaub war, musste ich mir all das Trekking-Gedöns erst noch besorgen. Zuerst dachte ich mir, ich borge mir den Trekkingrucksack meines Sohnes. Nun, du musst wissen, er ist fast 1,5 Köpfe größer als ich und sein Rucksack dementsprechend größer und länger. Bei seinem Umzug hatte ich diesen Rucksack kurz getragen und er hing mir in den Kniekehlen. Stell dir mal dieses lustige Bild vor, Gisa und der Rucksack, oder besser der Rucksack an dem Gisa hing. Ok, funktionierte schon mal nicht. Ich musste mir einen eigenen Rucksack kaufen. Also bestellte ich mir 3 Stück zur Auswahl nach Hause.

Das Anprobieren gestaltete sich lustig, ich probierte einen nach dem anderen, lief in meiner Wohnung und auf meinem Balkon auf und ab und hatte schnell meinen Favoriten. Und schon wurde mir klar, hey, ich laufe ja nicht mit leerem Rucksack. Na schön, ich beschwerte meinen Favoriten mit ein paar 1 Liter Getränkepackungen Saft und ein paar Flaschen Wasser. UFF, siehe da, der von mir bevorzugte Rucksack, mit dem ich schon liebäugelte, entpuppte sich plötzlich als wenig komfortabel. Die Gurte schnürten ein, obwohl sie auf meine Körpergröße richtig eingestellt waren, usw.

Also da hätte ich mir wirklich Ballast auf den Rücken geschnallt, von wegen leichtem Gepäck und so. Nachdem ich den passenden Rucksack ausgewählt hatte, mir noch diverses wie Schlafsack, Trekkinghose und Sandalen angeschafft hatte, konnte ich meinen Führerschein abgeben, ich fühlte mich jetzt gerüstet.

Aus meinem Freundeskreis bekam ich zur „mentalen" Vorbereitung die DVD „Ich bin dann mal weg" von Hape Kerkeling. Das Buch hatte ich nur so verschlungen und den Film habe ich vor Jahren bereits im Kino gesehen. Damals kam der Wunsch den Weg zu gehen auf meine Löffelliste, doch die Zeit war noch nicht reif. Jetzt war die Zeit reif und der Camino hatte mich gerufen.

 Botschaft des Tages:

Nur wer sein Ziel kennt, kann seinen Fokus halten und seine Navigation programmieren und die notwendigen Schritte planen. Genau so ist es mit dem Lebens- und Jakobsweg.

5. Das Wesentliche

 „Es sind die Zeichen der Zeit, die uns die Klarheit und die Reife schenken, das Wesentliche vom Unwesentlichen zu trennen." Gisa Steeg

Es war schon spannend, was sich in den letzten Tagen alles gezeigt hatte, was ich in Gedanken und in meinem Gepäck hatte und obendrein auch noch meinen Führerschein loslassen durfte. Nach über dreißig Jahren war mir das zum ersten Mal passiert. Einfach etwas zu schnell auf dem Weg und wie in meinem Leben war ich da wohl auch auf der Überholspur unterwegs gewesen.

Es kam immer wieder die Botschaft und die Erkenntnis, das Tempo herauszunehmen, loszulassen, mich auf das Wesentliche zu konzentrieren, mit leichterem Gepäck loszugehen und meinen seelischen Ballast zu Hause zu lassen.

Das war mir so bewusst geworden, als ich angefangen hatte meine Reiseutensilien, meinen Rucksack usw. auszusuchen und zu packen.

> ➤ Was brauche ich wirklich und was meine ich alles zu brauchen?

> ➤ Was ist wichtig und was ist Luxus?

> ➤ Wo darf ich hinsehen und was loslassen?

So eine Reise beginnt nicht, wenn du in den Flieger steigst, sie beginnt viel früher. Es war irgendwie magisch.

Ich hatte schon am Mittwoch meinen Rucksack gepackt, ausgepackt und noch mal gepackt, eingepackt, ausgepackt und umgepackt. Immer wieder drängte sich das Gefühl, ich darf ja nix vergessen, was wäre, wenn ich plötzlich x oder y doch bräuchte? Ständig die Gedanken, habe ich denn wirklich alles eingepackt?

Nach einer Weile hatte ich es endlich. Ich war glückselig und stolz auf mich und schnallte mir den Rucksack auf den Rücken, um festzustellen, oh mein Gott, so ging das gar nicht, ich brach mit diesem Gepäck zusammen. Und schon wieder musste ich auspacken und aussortieren.

Ich musste feststellen, es ging beim Packen nicht darum, was ich alles einpacke, es ging vielmehr darum, was ich alles weglassen sollte.

Und da war es wieder, das Wesentliche, das Reduzieren auf das, was wirklich notwendig ist. Weniger ist mehr. In mir tobte es - das Schwäbische ‚des kann i no alles gebrauche' - arbeitete fleißig in mir. Was sollte ich denn noch alles weglassen?

Ok, meinen ganzen Beutel mit Schminke und Kram hatte ich eh schon nicht eingepackt und mein Nagellack war auch schon ab. Tja, jetzt war bei mir wohl der „Lack" ab, aber genauso wollte ich es.

Und ich stelle mir weitere Fragen. Was konnte aus meinem Kosmetikbeutel noch raus? Ich hatte ohnehin schon nur ganz kleine Tuben und Fläschchen gekauft, aber es war trotzdem alles noch viel zu schwer. Der Reiseführer und das Netz halfen mir weiter, dort stand etwas von 4 in 1 Seifen. Super, ich zog noch einmal los und suchte diese Alternative.

Im Bioladen wurde ich tatsächlich fündig und hatte etwas Neues entdeckt eine 18 in 1 flüssige Wunderseife und 4 in 1 Wunder als Seifenstück. Das hörte sich beides für mich sehr spannend an. Wie immer konnte ich mich nicht entscheiden und nahm beides mit.

Wieder daheim hatte ich gleich die flüssige 18 in 1 Variante ausprobiert. Fazit, duschen und Haare waschen funktionierten super und ich liebte diesen Duft von Lavendel.

Zähneputzen, grrr, nein danke, nicht noch einmal, es schmeckte kurz nach Lavendel und dann fühlte es sich an, als ob man an einem Stück Seife schlotzt. Eindeutig nicht mein Fall.

Da ich zum Übernachten zu Besuch war, wusch ich damit auch gleich mein Schlüppi aus und das funktionierte wieder hervorragend.

Man kann es als Gesichtsreiniger verwenden, das habe ich natürlich unter der Dusche direkt ausprobiert und als super befunden oder auch als Badezusatz zum Einsatz bringen. Ein sehr vielseitiges und praktisches Produkt, ein paar Tropfen auf ein feuchtes Tuch helfen bei Verspannungen. Wunderbar. Mal sehen, ob ich das dann auf meinem Camino am Abend, nach dem langen Rucksack tragen, auch anwenden werde.

Am nächsten Morgen wusch ich mich und meine Haare mit der Seife 4 in 1. Fazit, das Seifenstück war zwar kleiner, der Duft von Zitrone nur andeutungsweise zu erkennen, die Haare sehr stumpf und strohig. Ich beschloss sie zu Hause zu lassen und nahm die flüssige Seife mit. Sie bot mir viel mehr Möglichkeiten und als Schwabe spart man ja auch gerne, nur nicht an der falschen Stelle. Somit konnte das Waschmittel in der Tube, Shampoo, Duschgel und noch zwei Kleinigkeiten wieder ausgepackt werden.

Meine Flipflops hatte ich durch ein paar Trekkingsandalen ausgetauscht, die Jeans und die zweiten paar ultraleichten Turnschuhe rausgeworfen. Das hatte noch einmal das Gewicht reduziert.

 Botschaft(en) des Tages:

1. Sich Gedanken darüber zu machen, was einem wirklich wichtig ist, was man tatsächlich braucht und welche Alternativen es gibt, schafft Raum für Experimente und Möglichkeiten. Entdecke die Möglichkeiten.

2. Die Erkenntnis mit leichterem Gepäck unterwegs zu sein, sich auf das Wesentliche zu konzentrieren, Ballast abzuwerfen, sich nicht alles „aufzuschultern", vor allem auch im übertragenen Sinne, war für mich von viel größerer Bedeutung.

3. Und wenn der Lack mal ab ist, kannst du mit deinem Lächeln glänzen.

4. Wer mit leichterem Gepäck im Leben unterwegs ist, auch im übertragenen Sinne, kommt schneller und besser voran. Nimm' die Schwere raus.

6. Der Abschied

 „Ein Abschied verleitet immer dazu, etwas zu sagen, was man sonst nicht ausgesprochen hätte." Michel de Montaigne

Samstag, 17.08.2019

Endlich war es soweit. Mit Rucksack, Reiseführer und allen erforderlichen Unterlagen ging es zum Flughafen nach Frankfurt.

Ich war unglaublich nervös. In mir stieg eine Spannung hoch und irgendwie auch eine ungewohnte Anspannung.

Ich wusste genau, hier ging gerade etwas zu Ende, der Abschied war mehr als nur ein Tschüss bis in zwei Wochen. Es ging tiefer, es ging um mehr, es ging darum, für immer loszulassen, die Emotionen, die Bindungen und die Nähe zu einem bestimmten Menschen.

Die Beziehung war schon lange beendet, aber die emotionale Verbindung noch nicht endgültig getrennt. Und dann war ausgerechnet er es, der Zeit hatte mich an den Flughafen zu bringen. Dieser Abschied ging uns beiden gerade so sehr nahe und wir wussten, dass der Abstand sich jetzt nicht nur räumlich vergrößern würde.

Mit Tränen in den Augen und im Herzen sagten wir uns Adieu. Ich stieg in den Flieger. Dann schaute ich in meinen Reiseführer, um mich abzulenken, und entdeckte ein Bild von Gero und mir aus glücklichen Tagen und auf der Rückseite standen die Worte „Gisa, ich liebe dich." Das Bild hatte Gero mir wohl noch zugesteckt und es sollte mich begleiten, aber es zerriss mich gerade.

Ich wollte mit meinem Reisetagebuch beginnen und konnte kaum etwas aufschreiben, weil meine Tränen nur noch kullerten. Ich fühlte mich gerade zwischen zwei Welten. Die, die ich hinter mir lassen würde und die, die vor mir lag.

Ich schloss die Augen und ließ es geschehen, ließ meinen Tränen und der Trauer freien Lauf, ich atmete tief ein und aus und nahm den Schmerz im Herzen war.

Als die Tränen etwas weniger wurden, schrieb ich ihm noch ein paar Zeilen, bevor der Flieger abhob. Ich war dankbar, für all das, was er für mich in der letzten Zeit getan hatte und dass er für mich da war, als ich jemanden als Fahrer brauchte. Gero schrieb zurück, dass es sich nach einem endgültigen Abschied anhöre. Irgendwie war es das auch, in meinem Herzen fühlte es ich so an.

Der Flieger hob ab und meine Gedanken wurden leichter, ich versuchte mich mit einem Film abzulenken. Bis Madrid waren es immerhin 2,5 Stunden Flugzeit.

Kaum gelandet, waren schon wieder die ersten Nachrichten auf meinem Handy. Das war so schön, meine Freunde wünschten mir so viel Liebe, Glück, Gesundheit, gute Erkenntnisse und Begegnungen und natürlich auch, dass ich finden würde, wonach ich suchte.

Spannend, wenn ich gewusst hätte, wonach ich suchen würde, dann hätte ich das auch finden können, oder mich finden lassen. Ich glaube, es ging mir nicht darum, etwas zu finden, es ging mir viel mehr darum, eine Erfahrung zu machen, mich auf etwas ganz Neues und so Unbekanntes einzulassen und darum, loszulassen. Ich war so gespannt und neugierig auf das, was vor mir lag.

Jetzt ging es erst einmal auf die Suche nach meinem Gepäck. Der Airport war riesig und es war eine Odyssee durch den ganzen Flughafen von Madrid, bis ich dann am anderen Terminal meinen Rucksack erhalten hatte. Nun aber nix wie raus aus dem Gebäude und die Luft Spaniens schnuppern. Draußen war es um diese späte Uhrzeit noch sehr warm.

Ich googelte, wie ich mit den öffentlichen Verkehrsmitteln zu meinem Hotel kommen könnte, und stellte fest, um 23 Uhr macht nur noch eines Sinn, ein Taxi. In diesen sauren Apfel musste ich beißen, wenn ich an diesem Tag noch ins Bett wollte.

Dort angekommen, kurz eingecheckt, warf ich alles von mir, duschte mit meinem 18 in 1 Lieblingsprodukt, wusch die erste Wäsche aus und fiel todmüde und erschöpft ins Bett.

Mein Schlaf und meine Gedanken waren sehr unruhig, ich drehte und wälzte mich hin und her. Wie wird es wohl werden?

⌖ Botschaft des Tages:

Manchmal muss man jemanden gehen lassen und erhält sich selbst zurück. Stück für Stück, oder man muss gehen, um sich nicht selbst zu verlieren. Ich machte mich auf den Weg, auf meinen Weg.

7. Das Kennenlernen

„Wie süß ist alles erste Kennenlernen. Du lebst so lange nur, als du entdeckst."
Christian Morgenstern

Sonntag, 18.09.2019

Im Hotel war es, bis auf einen kläffenden Hund, relativ ruhig und dennoch konnte ich nicht wirklich schlafen.

Beim Aufwachen kreisten meine Gedanken um den Camino. Wie wird es werden? Wer wird mir begegnen? Wie wird der Weg sein? Wie werde ich mich fühlen? Wird es mir gut dabei gehen? Werde ich mich mit Clarissa und Martina gut verstehen? Was sind das für Frauen, die ich eigentlich gar nicht kenne?

Wie komme ich nach Leon? Wo fährt der Bus, oder soll ich doch den Zug nehmen? Ich hatte 1.000 Gedanken und Fragen und für den Moment noch keine Antworten.

Das Frühstück war sehr einfach und doch lecker. Ich googelte nach der besten Verbindung und stelle fest, ohne ein Taxi komme ich hier nicht weg. Learning des Tages: Ich muss mich das nächste Mal besser informieren und vorbereiten! Das kostet dann weniger Geld und Nerven.

An der Rezeption fragte ich nach, was die beste Verbindung und günstigste Möglichkeit wäre? Der junge Mann war super freundlich, doch er schien von nix eine Ahnung zu haben. Immerhin war er zumindest so kompetent, mir ein Taxi zu rufen.

Als der Taxifahrer kam, erklärte ich ihm, dass ich mit dem Bus der Firma Alsa nach Leon fahren möchte und fragte ihn, welche Haltestelle am besten geeignet wäre und preislich in einem akzeptablen Budgetrahmen liegen würde. Sollte ich mich lieber zur Busstation am Flughafen oder in Moncloa bringen lassen? Der Weg zum Flughafen kostete nur 26 Euro und der Bus würde dort um 11.15 Uhr abfahren. Die Fahrt bis nach Moncloa wäre zwar mit 40 Euro etwas teuer, aber dafür könnte ich den Bus um 9.15 Uhr nehmen ... Ich begann zu verhandeln und bekam die Fahrt nach Moncloa tatsächlich um zehn Euro günstiger. Immerhin. Und schon konnte es losgehen.

Leider hatte ich bis jetzt nichts außer das Taxi und mein Bett von Madrid gesehen und das würde sich heute auch nicht mehr ändern. Aber dafür war ich pünktlich um 9:00 Uhr am Busbahnhof. Das war doch auch schon mal etwas.

Nach dem der Taxifahrer mich an der vermeintlichen Bushaltestelle rausgeworfen hatte, stand ich da, aber ich sah keinen Bus vor mir. Ohhh, kurz nervös werdend hielt ich mich an seine Angaben und überquerte die Straße, aber ich sah immer noch keinen Bus oder eine Haltestelle. Die Ratlosigkeit stand mir wohl ins Gesicht geschrieben, aber nicht nur die stand so rum, sondern auch ein paar nette Polizisten. Diese fragte ich höflich nach dem Weg und sie zeigten mir die Richtung zu Terminal 7 und deuteten nach unten. Wer keine Ahnung hat, dass hier in Madrid die Bushaltestellen unterirdisch sind, der hat wohl verloren.

Nun wusste ich Bescheid und das beruhigte mich. Ich tauchte in die Untiefen der Station ab, jetzt brauchte ich nur noch das Ticket.

Zum Glück fand ich das passende Terminal inkl. Ticketschalter, der sich mit mir auf Deutsch verständigte. Ich hasse Automaten eh, denn ich weiß nie, ob ich da alles richtig mache und mir das richtige Ticket ziehe, aber das hier war auch für mich idiotensicher. Was war ich doch für ein Glückspilz an diesem Morgen.

9.10 Uhr, dankbar und glücklich am richtigen Ort zu sein war ein geniales Gefühl. Nun konnte ich durchatmen und mich entspannt umsehen und begann die Menschen zu beobachten, die hier warteten und entdeckte Clarissa, die auf einer Bank saß und auf ihrem Handy tippte. Ich ging zu ihr und wir begrüßten uns. Was für ein schöner Zufall, die Welt ist klein und Madrid wohl auch. Wir hatten vereinbart, dass wir uns am späten Nachmittag in Leon treffen würden und jetzt trafen wir uns zufällig hier.

9.15 Uhr der Bus rollt ein.

Wir stiegen ein und saßen witzigerweise hintereinander, so konnten wir gleich ein wenig quatschen und uns näher kennenlernen. Gegen 13.30 Uhr hielt der Bus endlich in Leon und spuckte uns mit ein paar anderen Pilgern aus. Dass die Fahrt nach Leon so lange dauern würde, hätte ich nicht gedacht. Na ja, und die Problematik mit den Öffis scheint man in Madrid wohl auch zu kennen. Das hatte ich mir etwas einfacher vorgestellt.

Da Martina dann am Nachmittag in Leon zu uns stieß, plauderten wir munter und lernten uns bereits etwas näher kennen.

Wir ließen keine Zeit verstreichen und liefen sofort auf direktem Wege zu unserem Hostel. Das war mitten in der Stadt und nannte sich Convent Garden. Der Besitzer hieß Juan und kam von den Kanarischen Inseln her. Er selbst war

den Camino bereits 17-mal gelaufen und immer noch Feuer und Flamme. Sobald er über den Jakobsweg berichtete, war das Funkeln in seinen Augen zu
sehen und machte uns noch mehr Lust, endlich loszulaufen.

Scherzhalber fragte er Clarissa, ob sie seine Herberge kaufen möchte und wir
lachten gemeinsam darüber. Wir sprachen über die Menschen, die hier so
übernachteten, über die Gedanken und Schicksale und über seine Wünsche. Es
war so schön und spannend ihm zuzuhören.

Wir bekamen ein 4 Bett Zimmer. Das Hostel hatte eine schöne große Gemein-
schaftsküche, es war sehr sauber und einladend. Ich bekam von Juan meinen
ersten Stempel in meinen Pilgerausweis und das war für mich ein erhebender
Moment. Denn ab jetzt war ich offiziell eine Pilgerin, zwar noch keinen Schritt
gelaufen, aber eine Pilgerin. Ein irre komisches Gefühl.

Dann zogen wir los, die Stadt erkunden. Der Hunger hat uns in eine Tapas Bar
geführt. Diese lag einem schönen Marktplatz. Dort sitzend beobachteten wir,
wie nach und nach mehr Pilger aus verschiedenen Ländern ankamen.

Später warteten wir im Café vor dem Hostel auf Martina, die gegen 17:00 Uhr
zu uns stieß. Juan begrüßte uns und die anderen Pilger sehr herzlich. Er war
wirklich ein ungewöhnlicher Hostelbetreiber und sehr fürsorglich.

Nun waren wir komplett und konnten die Stadt gemeinsam erkunden. Wir
schauten uns die Kathedrale an und suchten uns erneut eine leckere Tapas Bar.
Nach dem Essen waren alle müde von den ersten Eindrücken der Anreise und
wir begaben uns zurück zum Hostel. In der Küche hatten sich die Pilger aus
verschiedenen Ländern zu einem gemütlichen Austausch zusammengefunden.
Justin, ich schätzte ihn auf gerade mal 25 Jahre, Luka aus Italien und noch ein
paar andere. Auf dem Tisch standen warme Spaghetti, die Luka gekocht hatte.
Seine Einladung mussten wir, immer noch gut gesättigt, leider dankend ableh-
nen. Zumindest im Magen hatte nichts mehr Platz.

Dafür luden wir ihn auf ein Glas Rotwein ein, den wir besorgt hatten und kamen
mit den anderen Pilgern ins Gespräch. Es wurden spannende Geschichten ausgetauscht und wer warum auf dem Weg war oder sich von hier aus auf den
Weg macht. Justin, war aus Kanada und hatte vor kurzem seine Oma verloren.
Er war auf dem Camino, um Abstand zu gewinnen und seine Trauer zu verarbeiten. Luka, der Italiener hatte eher sportliche Motive.

Mich überkam die Müdigkeit und ich zog mich zurück, denn ich wollte noch duschen und es ging schon los mit den Pilgerpflichten, die Wäsche musste gewaschen werden. Die anderen saßen wohl noch sehr lange in der Küche, tranken den Rotwein und redeten und redeten und redeten ...

Ich präparierte meine Ohren mit diesen klebrigen kleinen Ohrstöpseln und versank in meinen ersehnten Schlaf. Auch wenn dieser eher flach und unruhig war, so schlummerte ich doch irgendwie vor mich hin.

 Botschaft des Tages:

Es lohnt sich und spart Geld, sich zu Hause die Wege besser anzusehen und sich über die öffentlichen Verkehrsmittel zu informieren. Mit wenig Spanisch Kenntnissen und schlechtem Englisch, das aus der sprachlichen Unkenntnis des Taxifahrers heraus resultierte, kommst du trotzdem ans Ziel. Freundlichkeit, ein offenes Lächeln, gestikulierendes Reden mit Händen und Füßen, scheinen auf der ganzen Welt verständlich und willkommen zu sein. Geht nicht, gibt es also nicht. Es geht immer etwas.

8. Das Losgehen

 „Egal wie weit der Weg ist, man muss den ersten Schritt tun."
Mao Tse-tung

Montag, 19.08.2019 - es geht los.

Um 6:00 Uhr war die Nacht vorbei.

Da lag ich im Bett und es war noch dunkel in Leon. Gefühlt hatte ich wohl kaum geschlafen, trotz Ohrenstöpsel. War nicht gerade noch dort draußen der Lärm der nächtlichen Straßen-Partys zu hören? Jetzt jedenfalls waren die Müll- und Reinigungskräfte damit beschäftigt, den zurückgelassenen Dreck zu entsorgen.

Ich suchte nach meinem Handy, das durfte doch nicht wahr sein, es war schon 6:00 Uhr. Die anderen beiden regten sich auch schon in ihren Betten. Ich stand auf und suchte im Dunkeln nach meinen sieben Sachen und versuchte mich leise aus dem Zimmer zu schleichen. Wie gesagt ich versuchte es, denn die Bodendielen knarrten und die Tür fiel mit einem Rums laut ins Schloss.

Wir teilten uns zu dritt das Bad und machten uns abmarschbereit. Frisch gestriegelt trafen wir in der Küche auf den Kanadier und einen weiteren jungen Mann. Wir gönnten uns ein kleines Frühstück, dann ging los. Juan machte draußen ein Bild von uns, denn jetzt wurde es ernst. Der Camino begann. Wir waren ab jetzt echte Pilgerinnen, die nicht nur dem Ruf des Weges, sondern wahrhaftig den gelben Pfeilen, die den Weg markieren, folgten.

In der Nacht hatte es stark geregnet, die Luft war klar und hat sich deutlich abgekühlt. Bei frischen 11 Grad zogen wir los. Ich war dankbar für meine lange Hose und die Flies-Jacke, die mich kuschelig wärmten.

Der Rucksack fühlte sich jetzt schon sehr schwer an, also versuchte ich ihn noch besser auf meinen Körper auszurichten und stelle natürlich fest, dass es auch eine kleinere Variante getan hätte. Nachdem ich eine für mich gut geeignete Einstellung gefunden hatte und befand, dass er gut auf meinem Hintern sitzt, lief es sich einigermaßen komfortabel. Na ja, so gut es sich halt mit fast 10 Kilo Rucksack fortbewegen ließ.

Ich überlegte mir schon, wann wir den ersten Halt machen könnten und ich den ersten Müsliriegel vernichten kann, dann würde der Rucksack vielleicht leichter werden. Würde es etwas bringen, wenn ich auch noch das glutenfreie

Brot aufesse oder die Nüsse oder was da sonst noch essbares drin war. Meine Gedanken kreisten.

Und dann meldete sich auch noch meine Blase, obwohl wir kaum losgelaufen waren und noch mitten in Leon, musste ich schon wieder auf die Toilette. Der erste Kaffee war durch mich durch und wollte in die Freiheit entlassen werden.

Konnte ich es wagen, etwas zu sagen? Hmm, ich überlegte noch und mein Blick scannte schon die Möglichkeiten, sprich Cafés inkl. Toiletten? Nee, das kannst du nicht machen, lauf mal schön weiter, dachte ich noch so bei mir.

Aber so einfach ist es nicht, schon wieder kreisten meine Gedanken, ich musste einfach mal. Zum Glück hörte ich Martina in dem Moment sagen: "Ihr werdet es nicht glauben, aber ich muss mal auf die Toilette". Ich schmunzelte und freute mich, dass es nicht nur mir so erging, mein Kaffee wollte raus, und zwar jetzt.

Keine drei Kilometer gelaufen und dann kehrten wir in das nächste Café ein, belagerten die Toilette und gönnten uns den ersten Kaffee auf der Strecke. Pilgern kann so schön sein.

Nach dem wir den Rucksack wieder auf den Rücken geschnallt hatten, ging es weiter. Der Weg lag ja schließlich noch vor uns. Jede von uns erzählte etwas von sich und warum sie sich für den Jakobsweg entschieden hatte. So lernten wir uns Schritt für Schritt näher kennen und jede Stunde etwas mehr und mehr.

Es war ein Tag, der mit spannenden Geschichten begann. Irgendwann waren wir endlich aus Leon raus und der Weg ging auf entspannteren und schöneren Naturpfaden weiter. Mir machte die Stadt keinen Spaß, auch wenn wir vielen Pilgern begegnet waren. So erfreute ich mich an dem Knirschen der Steine und des Staubes unter meinen Sohlen.

Wenn uns Menschen begegneten, egal ob Pilger oder Anwohner, wurde uns ein freundliches „Buen Camino" zugerufen, was so viel wie „Ich wünsche dir einen guten Weg" bedeutet. Es war schon ein seltsames Gefühl, wir waren echte Pilger. Nach rund zwei Stunden kam der nächste Halt in einer ganz kleinen zauberhaften Herberge El Pajar de Oncina in Oncina de la Valdoncina. Eine süße kleine und persönlich geführte Herberge, etwas urig und rustikal, aber mit einem wunderschönen Innenhof. Dazu gehörten ein Hund und eine Babykatze. Ein schöner Ort, um sich kurz auszuruhen und aufzutanken, um gestärkt weiter zu laufen.

Unterwegs kam so langsam die Sonne heraus, es wurde wärmer und ich kramte meinen Lieblings-Sonnenhut aus dem Rucksack. Erst als ich ihn aufsetzte und mir wieder meinen Rucksack umschnallte, bemerkte ich, dass ich es zuhause versäumt hatte, den Hut auszuprobieren. Die Krempe des Hutes und der Rucksack waren alles, aber nicht miteinander kompatibel. So ein Mist, daran hätte ich denken müssen, jetzt musste ich den Sonnenhut so verbiegen, dass ich beides tragen konnte. Nun, vielleicht werde ich einen anderen Hut oder eine bessere Lösung finden.

Wir liefen weiter und die Landschaft wurde abwechslungsreicher, erst viele geteerte Straßen, danach kam eine rote Schotterstraße. Die Gegend auf dem Weg nach Villar de Mazarife sah aus wie eine Steppenlandschaft. Links und rechts trockene Gräser, hier und da ein paar Büsche, auf den Feldern die Stoppeln, und die Strohballen waren zur Abholung bereit.

Clarissa hatte für uns die Herberge Tio Pepe ausgesucht, welche gleichzeitig auch ein Gasthaus war. Sehr einfach gehalten, aber super freundlich. Da nicht viel los war, bekamen wir zu dritt ein 4 Bettzimmer. Es kam auch keine weitere Person im Zimmer hinzu. Das fanden wir natürlich klasse.

Clarissa hatte uns vorab die Information gegeben, dass wir am ersten Tag maximal 15 Kilometer zum Einlaufen gehen würden, doch als wir bei der Herberge eintrafen, waren es über 22 Kilometer. Und ich? Ich war fix und alle.

Nach unserer Ankunft ließen wir uns erst einmal so wie wir waren, auf die Betten fallen. Wir brauchten einen Moment zum Ankommen und um durchatmen zu können. Der letzte Teil des Weges verlief entlang der Landstraße. Die Sonne kam am Nachmittag zum Vorschein und der Asphalt war brennend heiß geworden, dabei war es am Vormittag noch so angenehm kühl. Nach einer kurzen Verschnaufpause begann unser Pilgeralltag mit duschen und Wäsche waschen. Ich hatte mir eine kleine Schnur als Wäscheleine eingepackt und konnte so meine Gewänder am Fußende meines Stockbettes aufhängen.

Wir trafen uns kurz im Innenhof, um eine Kleinigkeit zu essen und zu trinken und plötzlich verschwand Clarissa, ohne etwas zu sagen. Martina und ich waren irritiert, aber da wir so fertig waren, weil wir statt den angekündigten 15 Kilometer dann plötzlich 22 Kilometer unterwegs waren, wollten wir uns für ein kleines Schläfchen zurückziehen, um es bis zum Abendessen auszuhalten. Wir wussten nicht, wo Clarissa abgeblieben war und machten uns Gedanken. Wir wollten nicht unhöflich sein und wateten, aber irgendwann waren wir zu müde und uns einig, dass sie uns spätestens im Zimmer finden würde.

Kaum betraten wir die Kammer, trauten wir unseren Augen nicht. Da lag unsere vermisste Clarissa, gemütlich schlafend in ihrem Bett. Für mich fühlte sich das etwas befremdlich an. Sollte man sich in einer Gruppe nicht besser absprechen? Besonders der Guide einer Tour, sollte die Gruppe zusammenhalten und Bescheid geben, wer wo hingeht. Sollte nicht gerade der Leiter eines solchen Trips dafür sorgen, dass das Team ihm vertrauen kann? Zeugt es nicht von einer guten Kinderstube, sich abzusprechen oder abzumelden und die anderen nicht unwissend sitzen zu lassen, die sich auch gerne hingelegt hätten, aber aus Höflichkeit gewartet hatten, weil sie dachten, Clarissa wäre nur auf die Toilette und käme gleich wieder.

Trotz meines Empfindens schlief ich sofort ein. Nach etwa einer Stunde wachte ich wieder auf. Die plötzliche Unruhe in der Herberge hatte mich geweckt. Nach und nach trafen immer mehr Pilger und Einheimische ein. Es wurde schlagartig laut. Der Trubel des Geschehens nahm seinen Lauf.

Um 19 Uhr wurde es Zeit für unser Pilgeressen. Ich hatte einen Bärenhunger und wir versammelten uns unten im Hof. Als wir die Speisekarte lasen waren wir uns nicht schlüssig, was das alles übersetzt bedeutet und beschlossen, wir gönnen uns eine Paella. Das war für mich immer Genuss pur und ein Ankommen in Spanien. Einfach perfekt.

Später am Abend fielen wir trotz des Mittagsschlafes todmüde ins Bett. Dennoch konnten vor lauter Erschöpfung, Schmerzen in den Muskeln und Spannung auf den nächsten Tag, nicht wirklich schlafen. Zudem war es rund um das Haus durch die Spanier sehr laut, als ob sie auf der Straße leben würden. Ich kann jedem nur Ohrstöpsel empfehlen. Gute Nacht.

 Botschaft des Tages:

Es kommt anders als du denkst, 22 statt 15 Kilometer, aber du schaffst es. Schritt für Schritt kannst du ein Bewusstsein für das Gehen entwickeln und den Weg nicht nur rennen, sondern auch mit allen Sinnen wahrnehmen.

- Was gibt es zu sehen, z.b. die Landschaft, welche Bilder kannst du in dir aufnehmen, welche Zeichen begegnen dir?

- Was gibt es zu schmecken, wie schmecken die Speisen und Getränke auf dem Weg, wie schmecken sie zu Hause, was mundet ganz besonders?

- Was gibt es zu riechen, z.b. das Gras, der Wald, der Duft des Kaffee's in den Pausen.

- Was gibt es zu hören und damit meine ich nicht nur das Geplapper der Mitpilger, sondern die Vögel, die Stille, der Wind, usw. oder die innere Stimme, was sagt sie dir? Die inneren Stimmen können manchmal sehr laut sein.

- Was gibt es zu fühlen, z.b. die Sonne auf der Haut, der Regen, die Wärme, die Kälte oder die Emotionen, die in dir hochkommen?

9. Die (Ver)Stimmungen

 „Ziel eines Konfliktes oder einer Auseinandersetzung soll nicht der Sieg, sondern der Fortschritt sein."
Joseph Joubert

Dienstag, 20.08.2019

Wir hatten verabredet, dass wir sehr früh starten wollten, um nicht wieder in die Mittagshitze zu kommen. Doch irgendwie waren wir alle müde und im Flur war Stau und Radau. Die anderen deutschen Pilger kamen nicht an ihre Wäsche, die noch im Innenhof hing, weil genau dieser noch abgeschlossen war.

Die Brötchen standen schon im Flur und dufteten. Der Bäcker hatte diese schon geliefert, nur der „Frühstücksdienst", war noch nicht erschienen. Clarissa quatschte sich wieder fest und wir saßen fest. Als die Dame des Hauses erschien, bestellte ich mir eben einen Kaffee, bis es endlich losgehen konnte.

Im Gastraum hingen Pilgerhüte, wie ihn Hape Kerkeling trug, an der Wand und ich überlegte mir, ob es Sinn machen würde mir so einen zu kaufen. Aber das hässliche Beige hielt mich davon ab. Scherzhalber sagte ich zu Martina, wenn ich den in Rot finde, kaufe ich mir so einen Hut. Derweil warteten wir auf Clarissa.

In mir regte sich in der Zwischenzeit meine innere Stimme, von wegen früher loslaufen, ich mag es nicht sonderlich, wenn etwas fest vereinbart wurde und sich dann nicht an das Vereinbarte gehalten wird und die Gruppe warten muss.

Doch dann ging es endlich los. Es war jetzt der zweite Tag, an dem wir vor Sonnenaufgang loslaufen wollten und wir uns erst auf den Weg begaben, nachdem Sonne hoch am Firmament stand. Dennoch ließ ich mir meine gute Laune nicht verderben. Auch nicht, nachdem ich mir unterwegs den ganzen Kummer und die Sorgen der anderen anhören musste. Wir liefen und liefen. So früh am Morgen starte ich lieber ruhig und still in den Tag und da war es für mich anstrengend, den ganzen Schilderungen der anderen zu lauschen. Ich versuchte mich deshalb leicht nach hinten fallen zu lassen, um mir Raum für mich zu verschaffen, während sich die anderen unterhielten.

Um diese Zeit waren wieder einige Pilger unterwegs und das freundliche „Buen Camino" klang inzwischen schon so vertraut. Und doch war es spannend, denn man konnte nicht erraten, welche Nationalität der Pilger oder die Pilgerin hatte. Wir alle waren eins und eine Nationalität – Pilger*in.

An diesem Morgen rauschten zwei sehr freundliche Menschen an uns vorbei und verwickelten uns in ein kurzes Gespräch, nicht ohne dabei stehen zu bleiben. Es stellte sich heraus, dass es ein Engländer aus Wales mit seiner Tochter war, die gerade ihr Examen gemacht hatte. Auf die Frage, warum sie sich auf den Jakobsweg gemacht hatten, lachte die junge Engländerin und sagte, wenn nicht jetzt, wann dann. Diese Einstellung gefiel mir schon mal sehr gut.

Sie hatten beide ganz leichte Rucksäcke und wir fragten sie, ob das alles an Gepäck wäre. Sie lachten und meinten, nein, sie hätten sehr große und schwere Taschen dabei, die sie mit einem Shuttle-Service von einer Unterkunft zur nächsten transportieren ließen. Das ist natürlich auch eine Art zu pilgern, doch es lässt sehr wenig Spielraum für Spontanität. So nach dem Motto, ich laufe heute mehr oder eben weniger, je nachdem wie es mir gerade geht oder ob es mir hier gefällt. Wenn es mich ich nicht weiterzieht, bleibe ich für heute einfach hier.

Der Vater sagte einen Satz, der mir den Rest des Weges im Ohr und tief in meinem Inneren verwurzelt bleiben sollte. „The Camino does not give you what you want, he gives you what you need!"

Oh, was für eine Botschaft, der Camino gibt dir nicht was du willst, er gibt dir das, was du brauchst. Das schmetterte er uns einfach so hin und zog mit seiner Tochter von dannen.

In mir hallte dieser Satz nach, als ich Schritt für Schritt weiterlief.

Clarissa machte plötzlich Musik auf ihrem Handy an und das passte für mich so gar nicht, weder zum Weg noch zur Situation. Das empfand Martina wohl ebenso und lief ein paar Schritte voraus, während ich mich lieber zurückfallen lies, der Muskelkater machte sich bemerkbar und ich wollte meinen Gedanken und Gefühlen nachhängen, aber keine Musik hören. Ich hätte es als höflich empfunden, wenn sie uns gefragt hätte, ob uns das Recht wäre oder noch einfacher, Kopfhörer aufzog. Das hätte dann niemanden gestört. Trotzdem liefen wir immer in gegenseitiger Sichtweite weiter.

Im nächsten Ort machten wir eine Rast und als wir gestärkt und alle auf der Toilette waren, verkündete Clarissa, dass wir ab jetzt alle getrennt weiterlaufen würden und uns in einer bestimmten Herberge wieder treffen. Ich war zunächst etwas verdutzt und dachte, die beiden hätten das besprochen, als ich auf dem WC war. Ich fand es aber auch irgendwie in Ordnung, denn die Stimmung war heute Morgen seltsam und bedrückend. Ich fragte, ob das die Unterkunft wäre, von der sie uns das Video vorab geschickt hatte, da wir heute die 2. Übernachtung auf dem Weg hätten. Sie verneinte und meinte, dass wir da nun doch nicht vorbeikommen würden. Ich bin wieder irritiert über diese Planung und Änderung ohne Absprache. Aber macht nichts, ich mache jetzt für mich das Beste daraus und wir laufen los. Clarissa sprintete los, während Martina und ich eher gemütlich liefen.

In mir grübelte es und ich dachte über das, was gerade geschehen war, nach. Ich hatte einen Guide gebucht, der hier irgendwie sein eigenes Ding machte, sich an Absprachen oder Ankündigungen nicht hält. Alles andere als zufriedenstellend.

Plötzlich sprach Martina genau das aus, worüber ich mir meine Gedanken gemacht hatte. Nicht nur ich fragte mich, wofür ich meinen Obolus bezahlt hatte, denn eine wirkliche Leistung hatten wir bis jetzt nicht erhalten. Auch Martina hatte die vergangenen beiden Tage so empfunden, wie ich sie wahrgenommen hatte. Clarissa stiefelte voraus und wusste eigentlich gar nicht wohin, weil nichts vorbereitet war und wir hinterher. Jede Etappe wurde im veralteten Reiseführer von 2016 kurz vorher angesehen. Eine kompetente Reiseleitung sieht für mich anders aus.

Wir redeten darüber und waren beide der Meinung, dass wir das ansprechen müssen, denn so konnte es nicht weiter gehen. Als wir das für uns geklärt hatten, konnten wir beide den Weg mit allen Sinnen genießen und in uns aufsaugen. Hier pflückten wir ein paar frische Brombeeren am Wegesrand, dort machten wir schöne Fotos, wir lachten viel, wir liefen endlich mal langsam, um uns und die Natur um uns herum wahrzunehmen. Ich konnte es so sehr genießen und mit guter Laune waren wir gemütlich auf dem Weg nach Hospital de Orbrigo.

Schon als wir am zauberhaften Wasserturm, der sich mit seinen roten Backsteinen und weißen Streifen am blauen Himmel mit diesen Schäfchenwölkchen abhob, vorbeikamen und dann über die lange Steinbrücke nach Hospital de Orbrigo liefen, waren wir ganz entzückt von diesem malerischen Ort.

Da wir Durst und etwas Hunger hatten, suchten wir einen winzigen „Tante Emma" Laden auf, um uns eine Kleinigkeit zu kaufen. An der Kasse musste ich lachen, da lag in der Tat dieser besagte Hape Kerkeling Hut in Gisa-ROT. Tja, wenn man sich Dinge beim Universum bestellt, braucht man sich nicht wundern, wenn es auf dem Weg geliefert wird.

Ich zog den Hut auf, er sah zwar scheiße aus, erfüllte jedoch genau den Zweck und darum ging es. Wie war der Spruch: „Der Camino gibt dir nicht, was du willst, der Camino gibt dir, was du brauchst". Und ich brauchte dringend eine Kopfbedeckung und das war der klare Beweis dafür, also kaufte ich mir diesen Hut.

Mit einer Cola und Schokopudding bewaffnet setzten wir uns in den Schatten an den kleinen Fluss und freuten uns wie kleine Kinder. Denn durch die Schoki und die Cola, Sachen die wir eher selten bis gar nicht essen oder trinken, konnten wir unsere inneren Kinder befriedigen.

Mit richtig guter Laune machten wir uns auf den Rest des Weges und die letzte Etappe des Tages. Den gelben Pfeilen folgend, links und rechts die Schönheiten des Ortes genießend, entdeckten wir ein Schild, das genau zu der Herberge führte, an der wir angeblich doch nicht vorbeikommen würden. Verdutzt und ungläubig blieben wir beide vor diesem Schild stehen und trauten unseren Augen nicht und verstanden nicht, warum wir in den nächsten Ort laufen sollten, wo es hier so unglaublich schön und gemütlich war und uns das ursprünglich als Etappenziel schmackhaft gemacht wurde.

Kopfschüttelnd und enttäuscht waren wir die letzten 2,5 Kilometer nach Villares de Orbrigo gelaufen und waren uns einig, da war ein Gespräch fällig. Nur wie konnten wir unseren Unmut wertschätzend anbringen, ohne, dass Clarissa sich persönlich angegriffen oder verletzt fühlen würde. Wir hatten in den letzten Tagen schon genug Coaching Gespräche geführt. Ich hatte nicht noch mehr Lust, meinen Camino mit ständigem Coaching für andere zu verbringen, sie aufzufangen, zu halten, ohne dass ich etwas zurückbekomme. Selbst wenn ich mich herausnahm, hörte ich die Gespräche der anderen trotzdem. In mir reifte immer mehr der Gedanke heran, meinen Weg alleine weiter zu gehen.

Als wir nach 18,1 Kilometer Tagespensum ankamen, war Clarissa mit einem jungen Mann in ein Gespräch vertieft. Wir waren müde und unterhielten uns mit der Herbergsbesitzerin Christine. Christine war aus Belgien und hatte eine Mimik, die man schon eher Gesichtsakrobatik nennen konnte und sie sprach in einem lustigen Akzent. Sie war so witzig und kauzig und ich mochte sie sofort.

Nach dem wir uns geduscht und unsere Pilgerwäsche erledigt hatten, fühlten wir uns schon etwas besser. Im Anschluss suchten wir das klärende Gespräch mit Clarissa. Diese war natürlich völlig überrascht und verstand unser Anliegen erst einmal nicht wirklich.

Wir wollten wissen, warum wir nur 2,5 Kilometer von der versprochenen und angekündigten Herberge entfernt übernachten, in einem Ort der null Charme hatte. Dann hieß es, weil diese Herberge eine Küche hatte und ich so meine Vorräte aufbrauchen könne und sie es nur gut mit mir meinte, dass ich meine Nudeln usw. nicht weiterschleppen müsste. Ich verstand die Welt nicht, welche Vorräte bitte, welche Nudeln? Ich hatte keine Nudeln. Es ging nicht um meine Vorräte, es ging hier um ihre Vorräte, ich hatte nur mein glutenfreies Brot, ein paar Müsliriegel und sonst gar nichts dabei.

Mir wurde klar, wir alle hatten unterschiedliche Erwartungen, unterschiedliche Auffassungen und Meinungen, von Preis, Leistung und was ein Reisebegleiter ausmacht und wie sich Guide sich den Teilnehmern gegenüber verhält, in dem er Absprachen einhält oder eben nicht über den Kopf anderer hinweg zu seinen Gunsten entscheidet. Der mit einem veralteten Reiseführer in der Hand vorausläuft, sich an meinem neuen Reiseführer orientiert und abgleicht. Ganz ehrlich, dazu hätte ich niemanden buchen müssen, das hätte ich mit meinem Reiseführer allein geschafft.

Ich wollte mich nicht ärgern, ich wollte eine schöne Zeit und wenn das bedeuten würde, dass ich allein weitergehen sollte, dann war das so. Ich beschloss es positiv zu sehen und mir mein bezahltes „Lehrgeld" abzuschminken. Diese Reisen anzubieten war wohl ein Konzept, das noch nicht ausgereift war, und wir waren die Ersten, die es gebucht hatten. Es war eine Erfahrung für beide Seiten. Aber was hätte ich davon mich darüber zu ärgern? Nichts, höchstens schlechte Laune, die sich dann auf die anderen übertragen würde. Also Haken dran und das Beste daraus machen.

Was war das Gute am Schlechten? Ohne ihren Aufruf wäre ich jetzt nicht hier auf dem Jakobsweg und bin deshalb dankbar, trotzdem dabei zu sein.

Mir hatte der Nachmittag mit Martina richtig gutgetan. Beide hatten wir zum ersten Mal das Gefühl von Leichtigkeit und Lebensfreude. Den Weg genießen zu können, so hatte ich es mir vorgestellt und so wollte ich, dass der Camino für mich weiter geht.

Da Clarissa unbedingt ihre Vorräte aufbrauchen wollte, kochte sie mit Christine in ihrer Küche. Es gab ein leckeres glutenfreies Abendessen. Wir aßen im Hof, tranken feinen Rotwein und amüsierten uns über die Stories, die uns Christine erzählte und es kamen noch der eine oder andre Schwank aus den verschiedenen Leben der Gäste, wie z.B. Bastian, einem Aufräum-Coach, der Messis hilft oder eben von Martina und Clarissa dazu.

Ich musste gestehen, Christine konnte mit ihrer Mimik und Komödie sogar noch Karl Valentin in den Schatten stellen.

Wir hatten trotz aufkommenden Konflikten einen wunderschönen und lustigen Abend, eben weil wir alles angesprochen hatten und nichts unterschwellig schwelte. Clarissa hatte sich kurz zurückgezogen und brauche einen Moment, um das Feedback zu reflektieren und verdauen, aber war auch damit dann wundervoll umgegangen.

🎯 Botschaft des Tages:

Nichts in sich hineinfressen oder in sich aufstauen lassen, sondern Themen und Probleme zeitnah ansprechen. Klartext reden. Denn ein klärendes Gespräch sorgt für ein besseres Klima und Miteinander. Das tut allen gut und sorgt für neue Ideen und Möglichkeiten, wie etwas in Zukunft zum Wohle aller besser gemacht werden kann.

Feedback ist keine Kritik, es ist eine Chance, die Situation und das Thema zu betrachten, um sie danach zu verändern. Es sind Lernchancen und Geschenke, um sich und sein Verhalten zu verbessern.

10. Das Bedürfnis alleine zu sein

 „Der Sinn des Reisens ist,
an ein Ziel zu kommen,
der Sinn des Wanderns,
unterwegs zu sein."
Theodor Heuss

Mittwoch, 21.08.2019

Weil es jeden Morgen schnell heiß wurde, wollten wir alle etwas früher loslaufen. Laut Wetterbericht sollte es an diesem Tag noch viel heißer werden als an den Tagen zuvor.

Ich kramte in meinem Rucksack und suchte so schnell und geräuschlos wie möglich meine sieben Sachen zusammen, huschte ins Bad, machte mich ruck zuck fertig und weckte Martina, die sich noch murmelnd umdrehte und sich weigerte aufzustehen. Die Zeit schritt viel zu schnell voran und die vereinbarte Startzeit von 6.30 Uhr war schon längst wieder überschritten. Ich spürte eine Unruhe in mir und wollte wie vereinbart loslaufen. Ich bin sonst echt ein Morgenmuffel, aber ich kann mich durchaus auch zusammenreißen. Wenn 6.30 Uhr als Zeit vereinbart wurde, dann bin ich fit und stehe wanderbereit da. Ja, ich erwarte genau das von den anderen im Team und vor allem vom Guide. Aber genau das war es, was mich störte und mich unzufrieden machte. Ticke ich da falsch, wenn nur ich mich an Absprachen hielt und es von den anderen auch erwartete? Wohl kaum.

Mit einem Grummeln im Bauch traf ich in der Küche auf Clarissa und sage ihr, dass es mir zu spät werden würde mit dem Loslaufen und wir einen früheren Zeitpunkt vereinbart hatten und ich mich jetzt allein auf den Weg machen würde.

Ich trank noch kurz einen Schluck Kaffee, warf meinen Obolus in die Spendenbox und schulterte meinen Rucksack, um loszumarschieren. In diesem Moment traten Christine, Bastian und Martina in die Küche. Martina war verblüfft mich abmarschbereit zu sehen. Doch mich beschäftigte noch ein anderes Thema.

Seit dem Kauf meines kleinen roten Hape-Kerkeling-Hut's, stand ich vor einer schwerwiegenden Entscheidung. Sollte ich meinen wunderschönen, wenn auch unpraktischen Strohhut loslassen oder ihn auf dem Rest des Weges mitschleppen?

Das war ein unglaublich lauter innerer Dialog. Auf der einen Schulter saß ein kleines schwäbisches Teufelchen, welches mir unentwegt ins Ohr flüsterte: „Gisa, nimm' ihn mit, trage ihn im Rucksack. Da hast du noch genug Platz. Außerdem hast du viel Geld dafür bezahlt. So einen roten Strohhut bekommst du nie wieder, den kannst du doch nicht verschenken oder wegwerfen, das kannst du doch nicht machen."

Auf der anderen Schulter saß ein fröhliches Engelchen, das es gut mit mir meinte: „Gisa, verschenke den Hut, dann brauchst du ihn nicht unnötig schleppen. Bereite anderen eine Freude damit und du wirst sehen, irgendwann findest du so einen schönen Hut wieder. Mache einen anderen Menschen damit glücklich!"

Ich entschied mich dafür, ihn nicht mitzuschleppen. Also fragte ich Christine, ob sie ihn gebrauchen könnte oder ihn für eine Pilgerin aufheben möchte, die diese Kopfbedeckung gut gebrauchen könnte. Christine zog ihn auf und freute sich über diese Überraschung und das kleine Geschenk am Morgen. Mein Schwaben-Herz wurde leichter, der Hut bekam ein neues Zuhause und ich hatte mit dieser Geste tatsächlich einem anderen Menschen eine Freude bereitet. Damit konnte ich leben und weiterziehen. Das Engelchen siegte und ich grinste in mich hinein.

Eine angeregte und laute Unterhaltung begann im Raum, aber keiner neigte zum Aufbruch. Ich spürte so langsam, ich muss hier raus, brauchte Luft und Zeit für mich. Auch wollte ich nicht wieder so spät losgehen, um dann in dieser Hitze weiterzulaufen. Wir hatten ausgemacht früher zu starten, aber keiner regte sich. Ok, macht nichts, dann pilgere ich eben allein los, das war für mich im Moment auch wundervoll. Ich verabschiedete mich und erntete von Martina weitere ungläubige Blicke, die mir sagten: „Wie, du kannst doch nicht allein gehen". Oh doch, das konnte ich und lief los, durch das Hoftor und ab in die Freiheit.

Die Straßenlaternen waren noch an, denn es war um kurz nach 7:00 Uhr noch recht dunkel und die Sonne ging erst gegen 7.30 Uhr auf. Hier und da bellte ein Hund, die ersten Pilger begaben sich auf ihren Weg. Der Duft von frischen Brötchen zog in meine Nase und es war angenehm still. Sonst war nichts zu hören, nur meine Füße und das Rascheln meines Rucksackes. Da war er wieder, der Ruf des Camino und ich folgte ihm und den gelben Pfeilen. Als ich aus dem Ort heraus war, lauschte ich für einen Moment. Nichts. Stille. Nur Vogelgezwitscher und den kalten Wind um meine Ohren. Mehr war nicht zu hören. Ich atmete tief durch.

Zeit für mich. Zeit, um durchzuatmen. Zeit für meine Gedanken, während hinter mir ganz langsam die Sonne aufging. Ich blieb immer wieder kurz stehen, um das Licht und diesen zauberhaften Sonnenaufgang wahrzunehmen, aufzusaugen, in meinem Herzen und diesen goldenen Schein mit meiner Kamera festzuhalten.

Ein unbeschreiblicher Moment des Glückes überkam mich und vor lauter Fülle und Dankbarkeit kamen mir die Tränen.

Mir wurde die Kostbarkeit des Augenblickes und meiner Reise gerade erst so richtig bewusst. Beschwingt mit einem Lächeln im Gesicht lief ich weiter und es tat mir so gut, endlich allein zu sein. Mich um meine Gedanken, meine Angelegenheiten zu kümmern war mir wichtig, denn darum ging es ja schließlich auf dem Weg. Ich wollte nicht die ganze Zeit die Probleme der anderen hören, ob nun mit oder ohne Beteiligung meinerseits am Gespräch. Dennoch erklangen genau jene Themen in meinen Ohren, die Themen und Probleme der anderen. Wunderbar, ich war wieder bei ihnen angekommen, nur nicht bei mir. Genau diese Tatsache wurde mir in diesem Moment bewusst.

Aber worum ging es mir hier eigentlich auf dem Weg? Um mich, nur um mich. Ich hatte mich auf den Camino begeben, um Abstand zwischen mich und Gero zu bringen, den ich endgültig hinter mir lassen wollte. Ich lief, um mich wieder zu spüren, und damit meinte ich nicht meinen Muskelkater oder das Erblühen meiner Blasen. Damit meinte ich meine Bedürfnisse und mein Inneres, mein Herz. Das wurde mir jetzt so richtig klar, es ging mir um diese Stille und dieses in mir selbst sein zu können, ohne ständig abgelenkt zu werden. Die Gruppe gab mir zwar Sicherheit, aber sie nahm mir den Raum für mich und meine Gedanken. Ich brauchte meine Gedanken und Ruhe. Und so lief ich zum ersten Mal mit dem Gefühl von Freiheit, Glück und unendlicher Zufriedenheit weiter. Es war unbeschreiblich und mein Herz erfüllt.

Jeder Schritt fühlte sich leicht an und im Sein. Den Sonnenaufgang zu genießen, die Stille, die Weite, genau das war für mich Meditation in Bewegung, in meinem Rhythmus, in meiner Mitte zu sein.

Der Sonnenaufgang war wieder ganz besonders und die Farben berauschend schön. Ich lief auf dem rötlichen Kies, rechts und links die Stoppelfelder und das sanfte Strahlen der aufgehenden Sonne zauberte ein ganz besonderes Licht und ließ die Landschaft magisch und mystischen rötlichen Ton erstrahlen.

Ich spürte, dass dieser Tag etwas ganz Besonderes werden würde. Und so kam es.

Es wurde ein Tag ohne Ablenkung und ich entdeckte überall die Zeichen der Liebe. Alle paar Schritte stolperte ich über Herzen, sei es ein Stein auf dem Boden, der die Form eines Herzens hatte, sei es eine aus Steinen gelegte Skulptur, ein Graffiti an der Wand oder auf dem Boden, ein rotes Rosenblatt in Herzform, usw...

Die Zeichen zogen sich durch den ganzen Tag, es war magisch und zugleich irgendwie auch spooky. Ich fotografierte die Herzen hier und da, denn das würde mir niemand glauben, dass der Tag so voller energiegeladener Herzen war. Ich kann es kaum beschreiben, wie dieser Tag mich erfüllte und mir eine unglaubliche Stärke und ein tiefes Vertrauen schenkte. Vertrauen und die Gewissheit, die Liebe ist allgegenwärtig, sie ist um mich herum, in mir und in jedem Menschen, dem ich begegne.

So reich beschenkt und gesegnet machte ich kurz vor Astorga eine Pause und trank eine Tasse Kaffee. Das musste ich „verdauen" und mir in mein Tagebuch notieren. Als ich damit fertig war, hatte ich plötzlich das Gefühl, es wird Zeit aufzubrechen. Genau in diesem Moment, in dem ich aus der Tür der kleinen

Bar trat, liefen Clarissa und Martina vorbei. Ich rief: "Hola Chicas!", sie drehten sich um und lachten. Besser hätten wir uns nicht verabreden oder treffen können, das war wieder ein magischer Zufall und wir liefen lachend weiter.

Wir erzählten uns, wie es uns in den letzten Stunden ergangen war und was wir erlebt hatten. Martina hatte wohl in ihren Gesprächen einen Durchbruch und eine Erkenntnis, die sie weiterbrachte. Ich freute mich so sehr, dass die beiden genügend Raum für ihre Gespräche hatten und ich meine Zeit der Stille genießen konnte. Und dann erzählte ich von meinen Herzen, zeigte die Bilder der „Herzensbegegnungen" und die beiden bekamen eine Gänsehaut, so mystisch war es.

Ab hier liefen wir wieder gemeinsam für den Rest des Tages weiter, zuerst in die Innenstadt von Astorga und dort machten wir dann unsere Mittagspause auf dem zentralen Plaza Espana.

Frisch gestärkt ging der Weg über die schwarzen Streifen am Boden, auf dem auch von Zeit zu Zeit gelbe Pfeile zu sehen waren, weiter an der Kathedrale und am Gaudipalast vorbei, den wir eigentlich ansehen wollten, der aber gerade Mittagspause machte. Clarissa meinte, dass sie sich das fast gedacht hätte, denn die Museen machten hier oft um diese Zeit Pause. Na super, so etwas sollte ein Guide nicht nur wissen, sondern auch in der Planung berücksichtigen. Aber mich wunderte nichts mehr, mein Plan alleine zu gehen war wohl für mich das Beste.

In einem Souvenirladen entdeckte ich eine Kette mit einem kleinen roten Herzanhänger und beschloss, das wird mein Camino Glücksbringer und kaufte mir diese witzige Kette. Ich freute mich wie ein kleines Kind über dieses 3 Euro Teilchen, als ob es eine teure Halskette aus Diamanten wäre.

Als wir aus der Stadt heraus waren, wurde die Landschaft leicht hügelig und sehr abwechslungsreich. Diesen Abschnitt des Caminos mit seiner umgebenden Landschaft, nennt man wohl Maragateria. Unser heutiges Ziel war Murias de Rechivaldo und bis dahin waren es noch rund 4,5 Kilometer, die sich bei der Hitze ganz schön hinzogen. Am Ende des Tages hatten wir wieder 19,7 Kilometer hinter uns gebracht. Eine gute Leistung, wie ich fand.

Dort angekommen schaffte ich es gerade noch so in die private Herberge Las Aguedas mit einem schönen Innenhof und einem sehr rustikalen Schlafsaal, in dem 20 Betten, sprich 10 Stockbetten standen. Du meine Güte, ich hoffte sehr, dass ich gut schlafen kann, denn es trudelten eine Menge neuer Pilger ein und das waren vor allem fröhliche Italiener.

Wir wurden von einem Deutschen begrüßt. Er stellte sich mit einem freundlichen Lächeln als Michael vor. Zur Begrüßung gab er uns ein Glas kühles Wasser mit frischer Minze und Zitrone. Ein köstliches Getränk. So begrüßt zu werden war schon etwas Besonderes, vor allem dann, wenn du jeden deiner Knochen spürst, dir die Füße brennen, du erschöpft und müde bist und du dich eigentlich nur noch danach sehnst, deine Schuhe auszuziehen, einer Dusche und einem Bett.

Nach dem wir die Betten bezogen, kurz geduscht und unsere Pilgerpflicht des Wäschewaschens erfüllt hatten, verteilten wir uns im Hof und im wunderschönen Garten. Die einen suchten das Gespräch, die anderen eher die Stille unter den Bäumen inmitten der Natur.
Ein paar Invaliden pflegten ihre geschundenen Füße in einem Fußbad. Ich schrieb an meinem Tagebuch und ja, mit dieser Mischung allein und einen Teil zusammen zu laufen konnte ich mich anfreunden. Das tat mir gut.

Clarissa war in das Gespräch mit Michael vertieft und so viel ich mitbekommen hatte, war auch er schon öfters den ganzen Camino gelaufen. Er erzählte, dass nicht nur er nach dem Jakobsweg Probleme hatte sich in sein altes Leben wieder einzufinden, sondern, dass es vielen Pilgern so gehen würde und es sogar eine Organisation geben würde, die sich um Pilger kümmert, die nicht mehr in ihr altes Leben zurückfinden.

Mit ein paar Wochen Abstand kann ich es sehr gut nachempfinden. Er sprach von Menschen, die einfach geblieben waren und sich als Hospitaleros eine Unterkunft und Auszeit genommen hatten. Menschen, die nach so einer Erfahrung nicht mehr in ihr altes Leben zurückfinden, die die Oberflächlichkeit oder das Schicki-Miki-Gehabe nicht mehr ertragen können. Genau so ein Mann stand in der Küche und kochte unser Abendessen. Ein Mann aus Venezuela der heute in Miami wohnt, hospitierte hier, zauberte uns ehrenamtlich ein leckeres Pilgermenü und schaute obendrein noch unverschämt gut aus. Eine Mischung aus Richard Gere und Robert Redford in jungen Jahren. Ein Mann mit viel Tiefe und einem Lächeln, olala.

Auch er war ursprünglich mal den Jakobsweg gegangen und hatte seither Probleme in seinen Luxus und in die Oberflächlichkeiten seines ursprünglichen Lebens in Miami zurückzukehren und so weiter zu machen wie bisher. Es ist einfach so spannend, welche Menschen einem hier begegnen und welche Geschichten dahinterstecken.

Und dann wurden wir zum Pilgermenü gerufen, die Tafel war einfach, aber schön gedeckt und wir durften die Italiener beim Essen näher kennenlernen. Wieder geschah etwas Magisches, die Suppe kam auf den Tisch. Ok, du stellst dir sicher die Frage, was bitte ist an einer Suppe magisch? Es waren drei Schüsseln gefüllt mit einer Suppe, in der ersten Schüssel stand mit Balsamico Essig das Wort „Buen", in der Zweiten das Wort „Camino" und in der dritten Schüssel, die genau vor meine Nase gestellt wurde, war ein HERZ. Martina und Clarissa schauten mich ungläubig an und fragten mich, ob ich das bestellt hätte oder selbst so angerichtet hätte. Nein, ich war völlig unbeteiligt. Aber da lag etwas in der Luft, es war im „Feld", im Energiefeld und das war es, was ich meinte, achte auf die Zeichen und Symbole. Der Weg zeigte mir, die Liebe ist in mir und um mich herum.

Nach einem wundervollen gemeinsamen Pilgermenü und ein paar schönen Gesprächen war ich nur noch todmüde in mein Bett gefallen. Ich wollte am nächsten Morgen sehr früh aufbrechen und mir war es so egal, ob und wann die anderen losgehen würden. Ich werde meinen Weg gehen. Gute Nacht.

🎯 Botschaft des Tages:

Wenn du allein gehst, kannst du die Magie und den Zauber des Caminos spüren und wahrnehmen, deine innere Tankstelle anzapfen oder dich verzaubern lassen. Die Liebe ist in dir, du bist nicht allein. Der Weg hat dir etwas zu sagen und in der Stille, kannst du das auch hören.

11. Die Freiheit

 „Wer neue Wege gehen will,
muss alte Pfade verlassen."
Manfred Grau

Donnerstag, 22.08.2019

An diesem Tag weckte mich mein Wecker pünktlich um 5.30 Uhr in der Früh. Ich hatte ihn diesmal früher gestellt, weil ich in der Tat gegen 6:00 Uhr loslaufen wollte. Am Abend hatte ich schon mal von den anderen beiden verabschiedet und vereinbart, dass wir uns im Laufe des Tages unterwegs wiederfinden würden. Wir hatten ja WhatsApp und konnten so, wie an dem Tag zuvor im Austausch bleiben.

Es war gar nicht einfach den Rucksack und meinen Kram so geräuschlos wie nur eben möglich unter die Arme zu klemmen und den Schlafsaal zu verlassen. Ich hatte das Gefühl, meine Füße schmerzten genau so sehr, wie am Abend zuvor und die Nachtruhe war definitiv zu kurz. Der kleine Italiener im Nebenbett hatte so unruhig geschlafen und im Saal war es allgemein laut gewesen. Aber wenn ich erst einmal auf dem Weg sein würde, würde der Schmerz bestimmt nachlassen. Brr, kaum befand ich mich außerhalb des Schafgemaches, war es schlagartig kalt, genauso wie im Waschraum. Also huschte ich schnell in meine Klamotten, putze meine Zähne und machte mich auf den Weg. Als Frühstück hatte ich mir eine Banane besorgt und trank nur etwas Wasser. So kalt wie es war, so dunkel war es draußen auch.

Und ja, jetzt verstand ich es, warum so viele Pilger in den Beschreibungen ihrer Packlisten die Stirnlampen erwähnten. Aber bereits nach kurzer Zeit hatten sich meine Augen daran gewöhnt und das Laufen ging im Mondschein leicht. Hach, war das schön. Ich schaute mich um und musste so schmunzeln, hinter mir hatten sich bereits andere Pilger auch auf den Weg gemacht und sahen aus wie kleine Glühwürmchen, die sich bewegten. Tja, die hatten nicht nur die Packlisten ordentlich gelesen; nein, sie hatten sich auch die Stirnlampen gekauft 😊 Wieder etwas für meinen Lebensweg gelernt.

Im Mondschein loszulaufen und in das langsam dämmernde Morgenlicht zu gehen, während hinter mir die Sonne aufging, war ein unbeschreibliches Gefühl von Freiheit. Niemand will mit dir reden oder unterhält sich plappernd neben dir. Du hörst nur deinen Atmen und deine Schritte.

In diesem Moment erinnerte ich mich an einen Satz, den Martina Gedeck als Stella im Film „Ich bin dann mal weg" sagte: „Wenn du ans Ziel kommen willst, musst du den Weg allein gehen!" Ja, genau so fühlte ich mich, ich muss den Weg allein gehen. Der Weg ist eine sehr persönliche Angelegenheit, jetzt verstand ich diesen Satz erst so richtig.

Ja, ich musste den Weg allein gehen, meinen Weg. Ich musste hören, was mir meine innere Stimme zu erzählen hatte, mir Zeit nehmen, die Landschaft und die Zeichen zu sehen. Das Gehen, war die reinste Form der Meditation für mich.

Der Weg führte langsam, aber stetig über eine Schotterpiste bergauf nach Santa Catalina de Somoza und ich entdecke die erste kleine Bar, aber es war mir noch zu früh, um zu frühstücken. Es war ein kleiner zu der Zeit noch schlaftrunkener Ort, mit seinen typischen Steinhäusern, die ihre wunderschön verzierten und bemalten Türen regelrecht zu präsentieren schienen. Über mir flogen gefühlt tausende kleine Vögel und zwitscherten munter vor sich hin. Was für ein Geschenk, diesen verwunschenen Ort ganz in Ruhe in mich aufsaugen zu können. Für einen Moment schien die Welt still zu stehen. Nach einer Weile ging ich weiter in Richtung El Ganso, in der Hoffnung dort etwas Essbares zu finden. Der Camino verlief neben der Hauptstraße und ich ging tapfer meines Weges. Ich hatte zwar noch keinen Kaffee an diesem Tag, doch ab und an musste ich trotzdem den Husch hinter den Busch wagen, um mich zu erleichtern und musste so oft feststellen, ich war nicht die erste und nicht die letzte Person hier. Manchmal wünschte ich mir hier schon ein Netz von öffentlichen Toiletten, aber die Natur zu nutzen gehört eben auch zum Pilgern.

Auf dem Weg ging es nach einer Abzweigung weiter durch den Wald nach Rabanal del Camino, immer schön bergauf. Ich schnaufte wie ein Walross und an mir zogen ein paar ältere Herren lustig plappernd und beschwingt vorbei. In diesem Moment fühlte ich mich noch walrossiger als zuvor, aber ich ließ mich nicht entmutigen.

Als ich weiter durch den Wald wanderte und die vielen Kreuze an einem Zaun befestigt am Camino sah, musste ich an diesem Tag zum zweiten Mal an den Film „Ich bin dann mal weg" denken. Genau diese Kreuze und dieser Weg war mir aus dem Film im Gedächtnis geblieben. Ich spürte eine seltsame Energie und hatte plötzlich das Bedürfnis für meine Eltern ein Kreuz hier am Zaun zu hinterlassen. Also suchte ich nach zwei geeigneten Ästen und befestigte mein Kreuz an diesem besonderen Zaun. Ich dachte an meine verstorbenen Eltern und hatte das Gefühl, in diesem Augenblick, eine unglaubliche Verbindung zu ihnen zu haben. In einem Gebet und einem meiner Vergebungsrituale, verweilte ich noch einen Moment am Kreuz, ganz in meinen Gedanken versunken. Nicht dass ich religiös oder gläubig wäre, aber dieser Moment war für mich sehr mystisch, fast schon übersinnlich. Das zu tun, war ein innerer Impuls und ich war dankbar, dass ich diesem gefolgt war.

Voller Dankbarkeit an meine Eltern und mein Leben, trotz der extremen, schmerzhaften und schwierigen Erfahrungen, die ich machen musste, setzte ich meinen Weg beschwingt fort. Es fühlte sich einfach gut an. Natürlich war ich auch gespannt auf das, was noch vor mir lag. Vor allem auf die nächste Bar, denn ich musste wieder einmal so dringend auf die Toilette und ich hatte Hunger wie ein Bär.

In Rabanal del Camino machte ich eine längere Rast, denn ich hatte inzwischen 14,7 Kilometer hinter mir. Meine Füße schmerzten schon wieder und ich legte sie für eine Weile hoch. Während dessen zückte ich mein Handy und tauschte mich mit den beiden anderen aus, um den Stand der Dinge oder besser gesagt, die Standorte zu erfahren. Sie waren noch einige Kilometer hinter mir und teilten mir mit, dass „wir" Zuwachs bekommen hätten. Ella, 27 Jahre jung, aus dem Saarland kommend, hatte sich den beiden angeschlossen.

In meinem Reiseführer entdeckte ich, dass die nächste Etappe und Übernachtungsmöglichkeit nur noch ca. 6,5 Kilometer von hier entfernt lag. Kein Problem, müssten nicht knapp 380 Höhenmeter überwunden werden. Also machte ich mich lieber wieder auf den Weg, denn es wurde immer heißer und heißer.

Wir verabredeten, dass wir uns in Foncebadon in der Herberge La Cruz de Fierro zusammenfinden würden, da diese über eine schöne Aussicht und eine Waschmaschine verfügte. Die Reservierung der Betten für unseren Haufen inklusive unseres Neuzuganges Ella, fiel somit auf mich. Ich freute mich schon auf die Bekanntschaft von Ella, sie sah auf dem Bild, das mir Clarissa schickte, sehr sympathisch aus.

Also marschierte ich los, es ging einen staubigen Weg steil nach oben auf die Berge von Leon. Es wurde gefühlt Schritt für Schritt immer heißer, steiler und staubiger. Aber die Aussicht wurde atemberaubend und unbeschreiblich schön. Allein dieser einzigartige Ausblick entschädigte den anstrengenden Aufstieg. Und ich musste so lachen, als ich mitten in der Heidelandschaft dicht an der Straße gelegen, Schilder mit Telefonnummern von Taxiunternehmern entdeckte. Bei dieser Hitze und den Strapazen, reizte diese Verlockung, aber bei meinem Ehrgeiz widerstand ich ihrem Reiz.

Boah, war das steil, heiß und die Beschaffenheit des Bodens wechselte seine Konsistenz. Der staubige Sand ging mehr und mehr in holprige Steine über, ich war mir nicht sicher, was jetzt besser war. So langsam hatte ich das Gefühl, den heißesten und steilsten Weg meines Lebens zu gehen. Als ich die Herberge entdeckte, war ich erleichtert und so froh. Dennoch sagte mir mein Bauchgefühl, dreh um, hier ist keine gute Energie. Doch wir hatten uns auf diese Unterkunft verständigt und schließlich waren hier viele Pilger unterwegs. Und das bedeutete nicht nur das die Zeit zum Weiterlaufen nicht ausreichte, sondern vielmehr, dass im schlimmsten Fall keine freien Betten mehr zur Verfügung stehen würden. Viel Wahlmöglichkeiten hatten wir also nicht.

Was war das Gute am Schlechten, fragte ich mich. Irgendeinen Sinn wird es wohl haben und wenn es nur der einer ausgiebigen Dusche nach dem vielen Dreck und Staub war. Oder das Ausruhen, ein kühles Getränk, das Hochlegen meiner schmerzenden Füße oder das Nutzen einer Waschmaschine. Tja, manchmal muss man eben etwas Sahne auf die Scheiße geben und sich den Mist schönreden, um es ertragen zu können. Es ist, wie es ist!

Beim Einchecken bestätigte sich bereits mein Bauchgefühl. Die Dame des Hauses überschlug sich förmlich mit ihrer Unfreundlichkeit. Was soll's, ist ja nur für eine Nacht, am nächsten Morgen würden wir früh weiterziehen. Immerhin mit sauberer Wäsche. ‚Denk an die Sahne, Gisa, die Sahne …'

Meine Wäsche und ich waren bereits sauber, als die anderen drei ankamen. Ella stellte sich in der Tat als eine ganz reizende junge Frau heraus. Nach dem alle soweit ihre Pilgerpflichten erledigt hatten, gingen wir, um unseren Hunger zu stillen, noch einmal in den Ort. Dort fanden wir ein Restaurant mit einer traumhaften Aussicht und einem unglaublich leckeren Pilgermenü inklusive einem guten Tropfen Wein.

Wir unterhielten uns und Ella erzählte von ihrem Pilgertief. Sie hatte sich schon fast für den Abbruch entschieden, als sie auf Clarissa und Martina stieß. Die beiden hatten sie „aufgefangen" und jetzt schien es ihr langsam etwas besser zu gehen. Ella brauchte Aufmunterung und etwas Anschluss, um nicht aufzugeben. Den hatte sie jetzt bekommen. Der Camino gibt dir, was du brauchst, und da war sie wieder, die Bestätigung, dass es eine Tatsache ist. Ella war übrigens aus demselben Grund auf dem Camino wie ich. Auch sie wollte einen Lebensabschnitt und einen Mann hinter sich lassen. Wie passend, dass wir uns gerade einen Tag vor unserer Gipfeltour trafen. Für den folgenden Tag stand nämlich Cruz de Ferro hoch oben auf dem Gipfel des Berges auf unserem Plan.

Wieder kamen wir mit ganz verschiedenen Menschen ins Gespräch. Wir lernten Georg, einen Abiturienten aus Deutschland kennen, der mit einer ganz süßen Amerikanerin und einem Spanier unterwegs war. Die drei versuchten die jeweilige Sprache des anderen zu lernen. Und dann war da noch Anders aus dem Baskenland, der erst seit ein paar Monaten Deutsch lernte und mit uns bereits in einem wundervollen Deutsch sprach.

Die Amerikanerin und der Spanier hatten sich erst auf dem Camino kennengelernt und sofort ineinander verliebt und wollen nicht nur den Rest des Weges zusammen verbringen. Nein, sie will sogar ihre Zelte in den USA abbrechen, um zu ihm nach Spanien zu ziehen. Es war so süß die beiden und ihre Liebe zu beobachten. Sie erzählte uns, dass sie beide an einem Tag mitten in der Nacht um 4:00 Uhr wach geworden waren und gespürt hätten, dass an diesem Tag etwas ganz Besonderes geschehen würde. Genau an diesem Tag sind sie sich begegnet und sie verliebten sich sofort ineinander. Das war nicht nur Liebe auf den ersten Blick, das waren genau die Geschichten und Begegnungen, die den Zauber des Caminos ausmachen.

Ich wollte wieder früh schlafen gehen und am nächsten Morgen ganz früh raus und alleine los. Doch die Gruppe wünschte sich, dass wir am nächsten Morgen alle gemeinsam auf den Berg zum Cruz de Ferro gehen würden und unsere gemeinsamen Loslass-Rituale machten. Jede für sich und doch in der Gemeinschaft.

Ich willigte nicht ganz widerwillig ein, obwohl ich es so nicht für mich geplant hatte. Danach wollte ich aber unbedingt wieder alleine oder mit Ella weitergehen, sie konnte zum Glück schweigend pilgern.

Botschaft des Tages:

Wenn du offen für Wunder und Begegnungen bist, werden sie dir begegnen. Sei im Vertrauen, der Camino gibt dir, was du brauchst. Nimm dir die Freiheit, die du brauchst und genieße diese.

1. **Achte auf die Kostbarkeit deiner Gefühle und Gedanken!**
Sei offen und empfange die Bedeutung, den Sinn und nimm' an was kommt!

- Was will dir dein Gefühl gerade sagen?
- Vor was möchte dich deine Angst schützen?
- Was möchte dir die Liebe zeigen?

2. **Du bist frei, dich zu entscheiden!**
Fühle die Freiheit, die in dir liegt. Du bist frei, jeden Tag auf ein Neues zu entscheiden, wer oder was dir guttut.

- Will ICH das?
- WILL ich das?
- Will ich DAS?

Ich wünsche dir ganz viele gute Entscheidungen und die Klarheit danach zu handeln.

12. Das Loslassen

🚶 „Manche Leute glauben, Durchhalten macht uns stark. Doch manchmal stärkt uns gerade das Loslassen."
Hermann Hesse

Freitag, 23.08.2019
An diesem Tag ging es hoch zum Cruz de Ferro, einem der symbolträchtigsten Orte des Jakobsweges. Und ich? Ich war schon gespannt wie ein Flitzebogen.

Die Nacht war sehr unruhig, es war laut und stickig im Raum. Das Schnarchen und Sägen mancher Menschen war in der Tat, trotz Ohrenstöpsel nicht zu überhören. Selbst liegend taten mir meine Füße und Knochen derart weh, sodass ich nur nach der Einnahme einer Schmerztablette aufstehen konnte. Zeitgleich flüsterte ich mir selbst zu: „Gisa, was nicht unmittelbar zum Tode führt, härtet dich ab!" Also Augen zu und durch, da geht noch was. Der Ort und die Herberge waren einfach zu schrecklich, um noch eine Nacht hierzubleiben. Also zogen wir nach einer Tasse Kaffee und einem unfreundlichen „Angeraunzt" werden von der Herbergsmutter weiter.

Pünktlich um 6.30 Uhr liefen wir los. Wow, einmal das gehalten, was vereinbart war. Ein Anflug von Freude machte sich in mir breit, der aber im nächsten Moment verschwand. Denn kaum auf der Straße, ging es schon los: „Das ist viel zu früh, viel zu dunkel, da kann man gar nicht laufen, viel zu gefährlich usw." Ein unaufhaltsames Geplapper erklang in meinen Gehörgängen. Von Stille und mit der ersehnten Ruhe in den Sonnenaufgang zu gehen, den Tag schweigend zu begrüßen, war das hier weit entfernt. Mit jedem Schritt tat es mir innerlich weh, ich sehnte mich um diese Uhrzeit einfach nur nach Ruhe.

Ich versuchte es mit einem freundlichen: „Wollt ihr nicht mal die wundervolle Energie und die besondere Magie des Sonnenaufganges und die Stille des Morgens genießen?" Sie drehten sich um und auch der Sonnenaufgang wurde mit tausend Worte kommentiert, jedes Foto nach besprochen, wie schön es doch aussehen würde oder, dass man die Schönheit doch gar nicht mit der Kamera einfangen könne.

„NEEEEEIIIIIIN", das gab es doch nicht. Ich wollte einfach meine Ruhe und das war der Grund, warum ich allein weiterlaufen wollte. Im Augenblick ärgerte ich mich darüber, dass ich mich breitschlagen ließ, noch ein Stück gemeinsam zu gehen. Also versuchte ich mich vom Acker zu machen und beschleunigte meinen Gang, was bergauf und mit schmerzenden Füßen gar nicht so einfach war.

Kurz vor Sonnenaufgang waren wir am Cruz de Ferro angekommen. Dem höchsten Punkt auf dem Camino Francés in Spanien und dem höchsten Punkt, auf meinem Camino. Eigentlich sah es von Weitem eher unscheinbar aus, ein großer Steinhaufen, mit einem langen Holzstab, auf dem ein kleines eisernes Kreuz befestigt war. Trotzdem war es, wie beschrieben und angekündigt, ein magischer Ort. Nicht nur wir wollten hier oben den Sonnenaufgang und den Tag begrüßen, nein, da war schon eine Horde Pilger auf dem Berg.

Doch auch hier gab es wieder Menschen, die solche Orte mit ihrer Anwesenheit und ihrem Egoismus zerstören müssen. Da stand einer mit seinem Handy und hörte laut Musik, tanzte unbeholfen dazu, fand sich noch richtig geil dabei und feierte sich. Diese Arroganz und diese Rücksichtslosigkeit triggerten mich gerade so was von. Der Typ erinnerte mich mit jeder seiner Faser an meinen Narzissten, den ich einst kannte.

Ich konnte nicht anders, als ihn zu bitten, diese laute Musik auszumachen. Er schaute mich verdutzt und ungläubig an, wie ich mir das herausnehmen könne, der Blick sprach Bände. Er empfand es als Majestätsbeleidigung. War mir so egal, denn die anderen Pilger schauten Beifall spendend zu mir und nickten dankend. Das hier war ein Ort der Stille, des Loslassens, der Trauer und der Andacht, aber sich nicht der richtige Ort, um eine Party zu feiern, und das morgens kurz vor sieben.

Jeder Pilger legt dort auf dem Berg seit Hunderten von Jahren einen Stein ab und trägt somit zum Wachstum des Berges bei. Es ist egal, ob man es symbolisch, religiös oder spirituell betrachtet, der Pilger legt einen Stein und damit eine Tugend oder etwas das er loslassen möchte ab. Das Ablegen steht für das Loslassen oder etwas hinter sich lassen. Denn wenn man den Berg wieder runter läuft, dann lässt man den Stein als Symbol für den emotionalen Schmerz, die Last, den Menschen, oder was man auch immer loslassen möchte, hinter sich.

Wir hatten unser ganz eigenes Ritual dort vollzogen. Jeder war für sich in die Stille gegangen. Ich zum Beispiel hatte mich auf den Steinberg gesetzt und für mich meditiert. Ich saß dort oben und trennte symbolisch meine und die Energien von Gero, die uns noch verbanden, voneinander. Jetzt fand ich es sehr praktisch, dass er mir das Bild von uns mit auf den Weg gegeben hatte. Denn ich durchtrennte das Foto in der Mitte und lies den Teil des Bildes auf dem Gero zu sehen war auf dem Berg und meinen Teil - sprich mich - nahm ich dann wieder mit. Das fühlte sich für mich sehr stimmig an, auch wenn es mit Tränen verbunden war.

In dieser Zeit brachte Martina in einer stillen Ecke Ella ein anderes Loslass-Ritual näher und Clarissa hatte sich an die Kapelle gesetzt und für sich diesen Ort genutzt.

So war jede von uns in dem Moment demütig und ruhig in die Stille gegangen, um in ihre eigene Energie zu kommen und zu fühlen, was ihr gerade richtig war.

Ella kam zu mir und wir setzten uns mit unseren Schmerzen in den Herzen auf den Berg, um genau die Personen noch einmal loszulassen, die diese Pein auslösten.

Da saßen wir mitten auf einem Steinhaufen und machten eine sehr berührende und befreiende Ho'oponopono Zeremonie, ein hawaiianisches Vergebungsritual. Zu weinen und loszulassen tat uns gut. Ich ließ wie beschrieben den Teil des Bildes von Gero und ein paar Zeilen dort liegen und verabschiedete mich so von Gero, von dem ich schon lange getrennt, jedoch immer noch emotional verbunden war.

Für Ella war der Abschied sehr schmerzlich und so saßen wir oben auf dem Berg und ich coachte sie mit meiner Methode Wingwave® und die schmerzlichen Emotionen wurden auch für sie leichter. Für Beobachter mag es sehr seltsam ausgesehen haben, da saßen zwei auf dem Berg und die eine winkt und wedelt mit ihren Fingern vor den Augen der anderen herum, aber für uns war es genau das Richtige.

Martina wollte erst nicht an das Kreuz auf dem Berg, folgte dann aber doch ihrem inneren Impuls. Auch für sie war es ein sehr emotionaler Moment, denn sie hatte den Schmerz und den Verlust ihres geliebten Vaters noch nicht überwunden und das durfte sich nun zeigen und angenommen werden.

Als es uns wieder besser ging, wollten wir vor dem Abstieg noch ein Erinnerungsfoto machen und entdeckten Georg mit seiner Truppe. Er kam unserer Bitte nach, uns in der digitalen Variante eines Fotos zu verewigen.

Also stellten wir uns schön brav in einer Reihe auf, als plötzlich Clarissa rief: „Da liegt Gero, ich sehe Gero." Ich antwortete nur: „Lass Gero liegen und nicht drauf treten bitte." Wir mussten plötzlich alle schallend lachen und Georg fragte: „Wer ist Gero und wieso liegt er da?" Wir lächelten nur in uns hinein und in die Kamera, ich wollte jetzt nichts erklären, ich wollte jetzt einfach nur weiter gehen und das hinter mir lassen, was ich abgelegt hatte.

Danach fühlten wir uns all viel leichter und innerlich wesentlich ruhiger begaben wir uns wieder auf den Weg. Schweigend und im Bewusstsein, dass das gerade ein besonderer Moment auf unserem Camino war und wir nun etwas hinter uns gelassen hatten, ging es an den Abstieg. Ja, da lag etwas hinter uns. Das war nicht nur der Gedanke, das war das Gefühl und es war nicht nur symbolisch, es war magisch.

Unser Gehen war still und wir selbst demütig. Um uns herum erstreckten sich erst ein Wald und dann eine unglaubliche Weite und etwas später, links und rechts nur grüne Berge. Der Ausblick war atemberaubend und ich konnte mich gar nicht sattsehen.

Der Abstieg ging weiter und nach fast 3 km kamen wir in einer kleinen Siedlung Manjarin, den Tempelrittern an. Dort belagern die Tempelritter unter der Leitung von Tomás seit 1993 diese Siedlung und versorgen die Pilger auf Spendenbasis, mit Kaffee, Getränken und einem Pilgerstempel. Man könnte dort auch übernachten. Das ist aber nur etwas für Hardcore-Pilger, denn dort wird ohne Strom und Wasser genächtigt. Wer Sauberkeit bevorzugt, der „liegt" hier definitiv falsch.

Mir war hier alles zu schmutzig, zu dreckig und es stank extrem nach Hund. Ich bin ein sehr geruchsempfindlicher Mensch und mich würgte es bei dem Geruch. Obwohl ich Lust auf einen Kaffee hatte, verzichtete ich liebend gerne darauf und ließ mir nur auf Spendenbasis einen Pilgerstempel geben, um dort schnell wieder raus zu kommen. Clarissa gönnte sich trotzdem einen Kaffee, den sie dann doch lieber den Blumen als ihrem Körper spendete, weil dieser so ungenießbar war, wie der Ort selbst. Wir liefen schnell weiter, es ging ständig Berg auf und wieder Berg ab. Das war wahrlich meine größte Herausforderung, bis wir nach weiteren ca. 13 km am nächsten Ort El Acebo angekommen waren.

Ein unglaublich faszinierender Weg und Ausblick lagen hinter uns, teilweise wie in der Steppe mit Erica, Kiefern, trockenen Gräsern und staubig. Nicht ganz ungefährlich, wie einer der Tempelritter uns mit auf den Weg gab. Er meinte, wir sollten lieber die Straße nehmen, und nicht den Camino, weil der so gefährlich wäre, aber wir hatten es trotz der Strapazen geschafft. Dieser Weg war diese Anstrengung wert, auch wenn nicht nur mir die Füße so schmerzten. Wobei die anderen mehr Probleme mit ihren Blasen, als mit ihren Knochen und Sehnen hatten.

Erleichtert, hungrig und schon leicht erschöpft setzten wir uns sofort in das erste Restaurant mit einem Kellner, der einem Komiker glich und wohl Babbelwasser getrunken hatte. Er gab seine Witze zum Besten und versucht uns damit aufzuheitern. Hast du schon einmal versucht, vier Frauen die durstig, müde und vor allem eines waren; hungrig, zu bespaßen? Vergiss es! Da kann der Mann noch so charmant sein und noch so gut aussehen, wenn eine Meute hungriger Löwinnen gefüttert werden will, hat er verloren. Nur sehr langsam und schleppend kamen nach und nach unsere Getränke und dann endlich das

Essen. Hungrig verschlangen wir unsere Omeletts, aber satt waren wir noch lange nicht. Ich aß noch schnell eine Banane, die ich als Notproviant im Rucksack bei mir trug, dann ging es wieder. Das letzte Stück Weg war wirklich sehr schwer und sehr anstrengend gewesen. Jetzt konnten wir gestärkt weiter gehen. Aus dem Ort heraus führte entweder rechter Hand ein höher gelegener Feldweg oder als Alternative die Hauptstraße.

Ein Bauer warnte uns, dass die Beschilderung am Feldweg erneuert werden würde und wir unbedingt aufpassen sollten, dass wir an der Gabelung oben am Berg, nach links abbiegen müssten und er hatte recht. In Gedanken bedankte ich mich bei ihm, denn er hatte uns einen Umweg erspart, wir wären bestimmt falsch gelaufen. Es war so verdammt heiß. Der Wind fühlte sich auf der Haut an, als wenn jemand den Föhn zu heiß eingestellt hätte und dich damit ärgern wollte. Es war so heiß, dass uns der Schweiß nur so über den Körper lief. Wir redeten locker miteinander.

In den tieferen Gesprächen tauchte bei irgendeiner von uns immer wieder mal ein emotionaler Schmerz oder ein Thema auf, dass angenommen und „bearbeitet" werden wollte. So auch hier mitten auf dem Weg. Martina war gerade in ihre Trauer abgerutscht. Da wir kurz zuvor, lange über meine Art zu coachen und über die Methode Wingwave® gesprochen hatten und ich mit ihr vereinbart hatte, dass sie einfach sagen sollte, wenn Sie meine Hilfe benötigte, war genau jetzt so ein Moment.

Also legten wir unsere Rucksäcke in das trockene Gras und Gestrüpp ab, stellten uns in den Schatten und das Coaching konnte beginnen, mitten in der Pampa unter dem Schatten des einzigen Baumes weit und breit und ich begann zu „winken".

Martina weinte und wir gingen Stück für Stück durch den Prozess, die Trauer und den Schmerz. Der Schmerz wurde leichter, mit jedem „winken" wurde es leichter und leichter. Zuerst atmete sie kaum, der Atem stockte ihr, ich atmete dann laut mit und animierte sie dadurch automatisch weiter und tiefer ein und aus zu atmen. Mit jeder Runde „winken", ging es ihr besser und besser. Die beiden anderen saßen entspannt auf dem Boden und blieben diskret im Hintergrund. Sie waren von der Wirkung und der Methode selbst fasziniert.

Als Martina mir das Ok gab, dass es sich für sie jetzt leichter anfühlte und sie im Moment nichts mehr weiter brauchte, huschten wir noch einmal hinter den Busch, um dann weiter durch die sengende Hitze zu laufen.

Um dem Geschehenen einen angemessenen Raum zu geben, gingen wir schweigend weiter. Der nächste Ort, durch den wir kamen, war Riego de Ambrós, ein kleines verschlafenes Nest. Nur ein paar Anwohner saßen quatschend vor ihren Häusern.

Meine Getränkeflaschen waren schon wieder leer, mein Kreislauf machte bei der Hitze fast schlapp und ich war kurz vor dem Kollabieren. Diese Temperaturen um 35 Grad sind nicht mein Ding. Wir fanden einen kleinen Brunnen und setzten uns zum Verschnaufen nieder. Dann meinte Martina, ihre Freundin erzählte ihr, wenn ihr das unterwegs zu heiß wäre, dann würde sie ihre Mütze oder ihr Käppi mit Wasser am Brunnen füllen und es sich komplett über den Kopf zu stülpen. Ich mache ja echt viel Mist mit, aber das? Echt jetzt? Mitten auf dem Platz und die Einheimischen schauen zu?

Ich war skeptisch, aber ok, wenn es hilft, und was hatte ich schon zu verlieren? Meine Frisur war seit Tagen schon keine Frisur mehr, wie auch unter meinem roten Hape-Hut? Meine Füße lösten sich auf, mein Kopf fühlte sich an, als würde er in der sengenden Hitze zerspringen. Also los. Martina und ich füllten gleichzeitig unsere Kopfbedeckung mit dem kühlen Wasser aus dem Brunnen. Dann zählten wir auf 3 – 1 2 3 und stülpten uns das Wasser über den Kopf. Mit einem kreischenden Schrei vor Schreck lief mir das kühle Nass vom Kopfe runter über die Brust und den Rücken. Im nächsten Moment spürte ich einen kleinen Windhauch und die Nässe kühlte meinen Kopf und Körper. Wow, welch' eine Wirkung und was für eine frische Kur für Körper und Seele, das war der Wahnsinn und die Rettung. Die Einheimischen lachten und dachten womöglich darüber nach, wie bescheuert doch die Pilger unterwegs waren, freuten sich aber auch irgendwie mit uns.

Nach der wirklich wohltuenden Abkühlungskur ging es weiter nach Molinaseca. Das waren nur noch einmal 5,5 Kilometer, was sich verdammt gut anhörte. Doch der Weg war die Hölle, steinig, steil und nur noch bergab. Alles in glühendender Hitze, bei ca. 35 °C. Es fühlte sich jedoch an, als wenn wir durch einen Backofen mit 45 - 50 °C laufen würden. Es war so krass heiß. Ich bin eigentlich niemand, der gerne jammert, aber hier musste auch ich mal jammern und vor mich hin stöhnen.

Und während wir noch am Anfang unseres Caminos sehr auf unsere Privatsphäre achteten, war es uns inzwischen nicht mehr so wichtig und wir setzten uns in Ermangelung eines Busches nebeneinander zum Pinkeln. Da war eben nix, von wegen ein kleiner Husch hinter den Busch, aber auch daran gewöhnten wir uns. Bitte stell dir das jetzt nicht zu bildlich vor, wie wir da so in einer Reihe hockten.

Irgendwann mitten auf dem steinigen Weg nach unten, fing mein großer Zeh an zu pochen und zu brennen. Es fühlte sich an, als ob mir jemand Nadelstiche versetzen würde. Das ewige bergab machte sich in allen meinen Knochen und Gelenken bemerkbar, ich konnte langsam nicht mehr. Ich musste mich in den Schatten setzen und den Zeh anschauen. Was war da nur los im Schuh? Ich sah es sofort, das steile und stete bergab war eine Belastung und erzeugte einen großen Druck vorne auf den Zeh und den Nagel. Ich fragte in die Runde, ob jemand eine Nagelschere dabei hat. Ich bekam nur ein Nein und Kopfschütteln als Antwort. Dann frage ich Ella, ob sie in ihrer gepackten drei ZKB-Wohnung, ihr Rucksack war unglaublich bestückt, denn nicht etwas Brauchbares hätte. Und ihr glaubt es nicht, sie hatte eine richtige große Küchenschere dabei. Sofort begann sie auszupacken. Zuerst das Kissen, dann die Jacke, den Schlafsack, so ging das weiter, Stück um Stück. Dann endlich, kam der drei Liter große Beutel zum Vorschein, der ihre gesamt Haus- und Hof Apotheke beinhaltete. Aus diesem zauberte sie mir ihre Schere heraus. Ella war unglaublich und es war nicht zu fassen, was sie alles dabei hatte.

Ich nahm das Ding und zerstückelte meine wohl gepflegten, rot lackierten Fußnägel mit diesem Werkzeug. So rabiat hatte ich mir noch nie einen Nagel abgehackt. Mitten in der Pampa, in der glühenden Hitze, aber der Schmerz ließ schnell nach und das war das Wichtigste in dem Moment. Ich träufelte noch meinen Zaubertrank, mein ätherisches Lavendelöl zur Desinfektion, Heilung und Schmerzlinderung darauf. Fertig. Die Socken und Schuhe wieder angezogen, ging es noch weitere 30 Minuten bergab nach Molinaseca. In meinem Kopf brummte nur noch ein Mantra: „Durchhalten Gisa, durchhalten. Du wolltest es so, lächle, du hast dafür bezahlt!"

Grrr, was tue ich mir da bloß an? Die erwähnten 30 Minuten waren gefühlte drei Stunden, mir wurde langsam schlecht und schwindlig. Als wir die alte Römerbrücke über den kleinen Fluss überquerten, konnte ich nicht einmal den zauberhaften Anblick der Stadt genießen. Durstig, hungrig und von der Hitze kurz vorm Umkippen, suchten wir nach dem nächstbesten Restaurant am Fluss. Dort angekommen, erfuhren wir, dass es nichts mehr zu essen gab.

Das durfte jetzt nicht wahr sein, die Füße schmerzten, hungrig wie ein Bär und langsam richtig schlecht gelaunt und sollte nichts zu essen bekommen? Wir, die nun mürrischen Pilgerinnen zogen weiter. Doch in der nächsten Einkehrmöglichkeit sagte uns der nächste Kellner genau dasselbe. Ich war kurz vor einem Anfall. Kennst du die kleinen Kinder, die sich auf den Boden werfen, strampeln und schreien? Ich war kurz davor!

Clarissa machte sich auf die Suche, ich bewegte mich jetzt keinen unnötigen Meter mehr weiter. Sie kam zurück und meinte, wir könnten hier etwas essen. Da kam der blöde Kellner wieder um die Ecke und meinte erneut, es gäbe hier nichts zu essen. Ich hatte noch nie jemanden umgebracht, aber ich war gerade soooooooo kurz davor.

Clarissa klärte ihn auf, diesen unwilligen Menschen, und er schickte uns dann eine willige, wenn auch unfreundliche Bedienung, die unsere Bestellung aufnehmen sollte. Freundlichkeit war mir jetzt egal, Hauptsache ich bekomme endlich etwas zu essen. Ich bestellte Patatas bravas und einen Salat. Sie fragte mich, ob ich das wirklich beides wollte. Ich nickte und dachte mir: „Ja, verdammt, frag bitte nicht, ich habe Hunger, bring es mir bitte einfach nur. Bitte, bitte, bitte."

Nach der Bestellung streckte ich meine Füße zur Abkühlung in das kleine Bächlein, durch das ein klares und sehr kaltes Wasser floss. Ein kurzer Schock, aber es tat so gut und ich tauchte die Füße immer wieder und wieder ein und nach einer Weile konnte ich sogar darin stehen. Ich kühlte noch meine Arme ab und es ging mir langsam besser. Die Bedienung brachte mir eine Cola. Ich mag normal keine Cola, aber an diesem Tag brauchte ich sie und wie. Das Essen kam und wir Mädels hauten wie die Scheunendrescher rein, als ob wir seit Tagen nichts zu essen bekommen hätten. Es war eine seltsame Stimmung und ich war froh, ab hier allein weiter laufen zu können. Mir wurde es in der Gruppe einfach zu viel. Ab diesem Zeitpunkt sollten sich unsere Wege endgültig auf dieser Reise trennen und nur Ella und ich gemeinsam weiterziehen.

Nachdem die Kellnerin abgeräumt und wir bezahlt hatten, verabschiedeten wir uns von Clarissa und Martina. Da meinte Martina, na ja, sie wären doch jetzt auch ausgeruht, gestärkt und könnten mit uns weitergehen. Mir stockte kurz der Atem und in meinem Kopf hämmerte ein lautes „NEIN", ich will das nicht, ich will alleine sein! Ich glaube, mein Entsetzen stand mir gerade ins Gesicht geschrieben, denn Clarissa sagte darauf hin, dass es schon ok wäre in Molinaseca zu bleiben und diese schöne Stadt zu genießen.

Erleichtert, gestärkt und motiviert gingen Ella und ich weiter. Ella war eine stille und ruhige Begleiterin und konnte ohne zu reden wandern, deshalb konnte ich mit ihr weiter gehen und trotzdem meinen Gedanken nachhängen. Alles andere wäre mir zu viel geworden.

In meine Wanderschuhe kam ich mit meinen geschwollenen Füßen nicht mehr hinein und wollte es auch gar nicht mehr. Und so lief ich mit meinen „Jesus Latschen", sprich Trekking-Sandalen und Socken weiter. Ich glaube, ich habe in meinem Leben selten etwas hässlicheres und abtörnenderes getragen, als Socken in Sandalen und einen roten Hape-Topf, äh Hut auf dem Kopf. Ich würde einmal sagen, diese Kleidung schützte mich zu 200 % vor jeglichen sexuellen Übergriffen. Dieses Outfit schlug alles und bestimmt jeden in die Flucht.

Ella und ich wanderten weiter und machten einen kurzen Halt in einem kleinen Laden. Wir kauften Wasser, Bananen, Nüsse für das Frühstück und sie eine Sonnen-Creme mit Lichtschutzfaktor 50. Der Weg aus Molinaseca führte entlang der Hauptstraße in Richtung Ponferrada. Der Wind war selbst nach 18:00 Uhr immer noch sehr heiß.

Ella war echt ein Tier, sie lief und lief und lief und zum Glück, konnte sie das auch schweigend tun. Eine Wohltat und Balsam für meine Seele! Sie war echt der Wahnsinn und ich hechelte ihr hinter her. Ich spürte in jedem Knochen, wie extremst anstrengend der Tag bis jetzt war und die Schmerzen in den Füßen wollten trotz Schmerztabletten nicht aufhören. Wir nahmen die Abkürzung Richtung Ponferrada entlang der Straße. In Ponferrada wurde es mir wieder kurz schwindlig und ich musste eine kleine Rast einlegen. Die Hitze war die Hölle.

Irgendwann gegen 20:00 Uhr kamen wir in der kleinen Herberge an. Die Inhaberin wollte gerade gehen. Wir hatten also noch Glück. Ich hätte keine Kraft mehr gehabt, weiterzugehen. Bei jedem auftreten stach und schmerzte mein Fuß wie die Hölle, trotz Schmerztablette.

Die Besitzerin zeigte uns unser Zimmer für diese Nacht. Ich freute mich, wie zauberhaft schön es doch war. Wir hatten ein Zimmer für uns allein und das Bad war gleich neben an. Ich war so verschmutzt, müde, fertig, mein Körper brannte, jeder Knochen, jede Sehne, jeder Muskel tat mir weh. Ich wusste aus dem Anatomieunterricht bereits, wie viele wir als Mensch davon haben, aber sie müssen doch nicht alle gleichzeitig pochen und schmerzen.

Ich synchronisierte die LaufApp meiner Uhr: Ergebnis 29,7 Kilometer. Das glaube ich jetzt auch nicht. 300 m zu wenig. Und das nach den Strapazen. Nur noch 300 m und die 30 Kilometer Tagespensum wären erreicht. Nee, echt jetzt? Ella hatte noch Lust, zum Supermarkt um die Ecke vorzugehen. Ich hingegen begab mich nur noch bis in das Badezimmer, unter die Dusche und ging keinen weiteren Schritt mehr. Also gab ich ihr die Uhr und bat sie die 30 Kilometer voll zu machen und ja nicht eher zurückzukommen. Wir scherzten und lachten noch ein wenig.

Bei mir ging nach diesen gelaufenen 30 Kilometer wirklich nichts mehr. Die Dusche tat mir gut, ich pflegte meine Füße und war stolz. Trotz der harten Bergtour, den steilen Wegen mit fast 10 Kilo Gepäck auf dem Rücken und der unglaublichen Hitze, hatte ich noch nie solch eine Leistung vollbracht. Selbst meinen Halbmarathon, den ich 2017 gelaufen war, empfand ich als nicht so anstrengend. Vielleicht, weil ich da auch besser trainiert und leichter war.

Als Ella zurück war, hatte die Uhr ihre 30 Kilometer! Hurra, wir waren Heldinnen. Was für eine Wahnsinnsleistung wir vollbracht hatten. Nachdem ich meine Wunden geleckt hatte, fielen mir die Augen zu.

Botschaft des Tages:

Gemeinsam aufzubrechen, bedeutet nicht immer gemeinsam ankommen zu müssen!
Auf seine eigenen Bedürfnisse zu hören und gut für sich zu sorgen, bedeutet nicht, den anderen nicht zu schätzen oder zu lieben. Manchmal muss man jemanden zurücklassen, in seinem Rhythmus weiter gehen, um sich später respektvoll begegnen zu können.

Loslassen....

- Loslassen bedeutet, ein selbstbestimmtes Leben zu leben.

- Loslassen bedeutet, es nicht jedem echt machen zu wollen.

- Loslassen bedeutet, die Eigenverantwortung zu übernehmen.

- Loslassen bedeutet, mehr Lebensfreude und Leichtigkeit in dein Leben zu lassen.

- Loslassen bedeutet, Raum für Neues zu schaffen.

- Loslassen bedeutet Freiheit.

Wen oder was kannst du loslassen, um einen weiteren Schritt in deine Freiheit zu gehen?

13. Das Scheitern

„Ist man in kleinen Dingen nicht geduldig,
bringt man die großen Vorhaben zum Scheitern."
Konfuzius

Samstag, 24.08.2019

5:45 Uhr und ich stand auf und gefühlt, sammelte ich meine Knochen zusammen. Oh mein Gott, jede Bewegung schmerzte und ich konnte kaum auftreten. Wie sollte ich da die nächste Woche überstehen und im Durchschnitt 27 Kilometer am Tag zurücklegen, um pünktlich in Santiago de Compostela anzukommen?

Egal, ich präparierte mich, cremte meine Füße mit Hirschtalgsalbe ein, nahm meine Schmerztablette, trank meinen Powerlift Drink und verschlang meine Banane. So aufgepeppt, starteten wir noch im Stockdunkeln pünktlich um 6:30 Uhr.

Auf der Straße suchten wir nach dem Camino. Ella war wieder fit wie ein Turnschuh und voll in ihrer Power. Ich fragte mich, wo sie die nur hernahm. Ok, sie könnte meine Tochter sein. Könnte das wohl auch am Alter liegen? Warum musste ich mich heute nur so alt fühlen?

Ich kam ihr kaum hinter her. Ein Gewaltmarsch durch die noch verschlafene und einzigartig schöne Stadt begann. Plötzlich tauchte die bezaubernde Tempelburg von Ponferrada vor unseren Augen auf. Sehr mächtig und beeindruckend stand sie vor uns. Für einen Moment vergaß ich meine Schmerzen. Doch dieser Zustand hielt nicht lange an, und … so ein shit, ich musste plötzlich dringend auf die Toilette. Außer den Müllmännern schienen die Menschen dieser Stadt noch friedlich vor sich hin zu schlummern. Ich hetzte hechelnd Ella nach, mit dem Bein und den Schmerzen kam ich kaum hinterher. Sie zückte hier und da ihr Handy, um zu fotografieren. Das waren die Momente, in denen ich diesen jungen Hüpfer einholen konnte. Und schon drängelte meine Blase, ich musste so dringend. Kein Lokal, keine Bäckerei und kein Kaffee hatte um diese Uhrzeit geöffnet. Hoffentlich geht das jetzt nicht sprichwörtlich in die Hose. Ich hielt nach Möglichkeiten Ausschau und entdeckte Rechts um die Ecke einen Mann, der im Dunkeln seine Stühle auf die Straße stellte, wohl kurz davor sein Restaurant zu öffnen.

Ich rief Ella zu, dass sie bitte allein weiter gehen solle, da ich ihr Tempo und auch sonst bald nichts mehr halten konnte. Wir vereinbarten noch schnell, dass wir uns später oder eben abends in der Herberge treffen würden.

Ich ging auf den Mann zu und fragte ihn mit meinem besten Gesicht des Leidens, ob ich seine Toilette aufsuchen dürfe. Er nickte freundlich, ging voraus und ich folgte ihm, in den noch dunklen Raum des Cafés zur Toilette. Puhh, das war gerade noch rechtzeitig. Erleichtert bedankte ich mich bei ihm und trat wieder auf die Straße hinaus.

Es war immer noch dunkel und irgendwie beschlich mich das Gefühl, dass ich nicht mehr auf dem Camino war. Weit und breit sah ich keinen einzigen Pilger, denn um diese Uhrzeit läuft einem sonst immer ein Pilger über den Weg. Ich sah auch kein Camino-Zeichen oder einen gelben Pfeil mehr. In diesem Moment schaute ich auf mein Handy und sah eine Nachricht von Ella. Sie schrieb, ich müsse dort und dort entlang, um wieder auf den Camino zu gelangen. Also doch und es ging wohl nicht nur mir so. Dann schickte sie mir ihren Standort. Wie schön das doch war, ich gab den Ort per Google Maps ein und versuchte den Angaben zu folgen, um wieder auf den Camino zurückzufinden. Wenn ich dem Pfeil auf dem Navi folgte, zählte es die Meteranzahl bis dorthin. Ich versuchte das mit den Straßennamen ebenso. Ok, ich bin richtig. Oder doch nicht, die Map begann die Route neu zu berechnen. Oh nein, das konnte ich natürlich nicht gebrauchen, nicht um diese Zeit, nicht mit dem schmerzenden Fuß.

Ich fragte einen Spanier nach dem richtigen Weg. Er zeigte in eine Richtung. Ok, das war auch mein Gefühl, aber Gefühle können sich um diese Uhrzeit ja auch täuschen. Das Navi zeigte in eine ganz andere Richtung, komisch. Ich lief trotzdem nach meinem und dem Gefühl des Spaniens weiter. Das Navi sagte wieder etwas anderes. Ich orientiere mich nach den Straßenschildern und dann lief ich eben ein Stück an der Landstraße. An dem Standort, den Ella mir schickte, brauchte ich mich schon lange nicht mehr zu orientieren.

Ein spanischer Jogger kam mir entgegen, als ich im Reiseführer nach dem nächsten Ort auf dem Camino suchte, zu dem ich wollte. Dieser schickte mich den Weg entlang auf die andere Seite, einmal über die Brücke, dann nach rechts abbiegen und den Berg hinauf. Dann wäre ich wieder auf dem Camino. Ich hoffte, sein Spanisch inklusive Mimik, Körpersprache und vollen Körpereinsatz richtig verstanden zu haben. Das konnte doch alles nicht wahr sein. Ich war den Tränen nahe, ich musste doch den blöden Weg endlich wiederfinden. Inzwischen war es schon 7:30 Uhr und ich immer noch nicht aus der Stadt heraus.

Meine Gedanken kreisten: Gisa, atmen, laufen, atmen, laufen. Zur Not suche ich mir ein Taxi. Ich kam der Brücke näher. In meinem Navi hatte ich den nächsten Ort eingegeben und versuchte dem Ding zu folgen. Über die Brücke, dann am Kreisel nach rechts, den kleinen Anstieg nehmen und am nächsten Kreisel nach links.

Ich sah den ersten gelben Pfeil und das Camino-Zeichen, die gelbe Muschel auf blauem Grund. Da liefen mir die Freudentränen vor Erleichterung über das Gesicht und mein Herz hüpfte. Mein Atem wurde etwas gleichmäßiger und ich marschierte weiter. Weiter vorne an der Straße sah ich auch endlich zwei Pilger und war wieder ganz beruhigt. Das Laufen wurde für mich schwerer, der Schmerz im Fuß pochte und es stach fast bei jedem Schritt. Ich atmete tief und lief und lief.

In meinem Kopf kam mein altes Mantra hoch; Gisa, da geht noch was… Gisa, da geht noch was…

In dem kleinen Ort namens Columbrianos machte ich bei der ersten Möglichkeit eine Pause. Es war schon 8:30 Uhr und ich bereits zwei Stunden auf den Beinen. Beim Betreten des Lokals traf ich auf Anders, der Deutsch lernen wollte, aus dem Baskenland. Nach einem kurzen Nicken setze ich mich zu ihm.

Er erzählte mir, dass er auch gerade von Ponferrada kam und nach Villafranca del Bierzo unterwegs war und in der Traditionsherberge Ave Fenix übernachten wollte. Da er gesättigt war, schulterte er seinen Rucksack und lief leichten Fußes weiter.

Ich bekam meinen Kaffee und meine gefüllten Tortillas mit Tomate, Speck und Käse. Das war so unglaublich lecker, der pure Genuss. Der Stress am Morgen machte mich fertig.

Hinter mir saßen zwei deutsche Mädels. Die Italiener, mit denen wir das Pilgermenü vor zwei Tagen verzehrt hatten, saßen am anderen Tisch. Ella schrieb mir, dass sie schon fast zwei Orte weiter wäre. Du meine Güte. Ich hatte heute vielleicht ein Schneckentempo drauf und war nach zwei Stunden erst bei etwas mehr als 6 Kilometern angelangt. Aber im Grunde musste ich ja nichts. Langsam gehen reichte mir mit diesen schmerzenden Füßen.

Gut gestärkt lief ich weiter. Der Weg schenkte mir Ablenkung und Trost, denn irgendwie entdecke ich die ganze Zeit schöne Blumen und Blüten, die mich innehalten ließen, um sie zu fotografieren. Das entschleunigte mich und fuhr den Stresspegel deutlich herunter.

Im nächsten Ort hielt ich schon wieder an und setzte mich kurz auf eine Bank, trank etwas und nahm noch eine Schmerztablette. Vom Schmerz wurde mir schlecht und auch schwindlig. Ich fragte mich zum ersten Mal, was ich hier machte. Langsam „kratzte" ich mich regelrecht zusammen und lief weiter zum nächsten Ort. Mir wurde so übel vor Schmerz, dass ich mich übergeben musste. Genug ist genug. Gisa, das ist nicht gut. Mach für heute eine Pause und suche dir eine Bushaltestelle, um zum vereinbarten Ort zu fahren. Nur noch ein paar Schritte bis Camponaraya.

Als ich in Camponaraya ankam, musste ich mich noch einmal übergeben. Pause mein Körper schreit nach Pause. Ich orientierte mich und suchte nach der Bushaltestelle und fragte eine Passantin nach dem Weg.

Sie winkte und zeigte in die Richtung, in der ich schon unterwegs war. Ihre Handzeichen deuteten darauf hin, dass es noch ein gutes Stück zu laufen war. Sie wünschte mir noch einen „buen Camino" und lief weiter, so wie ich auch.

Rechts am Weg entdecke ich eine Apotheke. Meine Rettung, ich holte mir dort eine Salbe und weitere Schmerztabletten und machte mich weiter auf den Weg zur Bushaltestelle. Irgendwann fragte ich noch einmal nach dem Weg und die Frau zeigte wieder in die Richtung.

Ich lief weiter und weiter und an mir zogen gerade gefühlte 100 Pilger vorbei. Das freundliche buen Camino, klang heute wie ein Hohn in meinen Ohren. Ich lief weiter, links der Camino mit fröhlichen Menschen und ich stand plötzlich am Ortsende an einer Tankstelle und nicht an einer Bushaltestelle. Ok atmen, denn manchmal ist eine Tankstelle gleichzeitig eine Bushaltestelle. Ich blieb ruhig, vielmehr versuchte ich Ruhe zu bewahren, und fragte die Kassiererin, die gleichzeitig Tankwartin war, nach der Autobusstation. Sie verstand jedoch im wahrsten Sinne des Wortes nur Bahnhof und sprach kein Wort Englisch. Mein Spanisch reichte nicht aus, um ihr mein Anliegen klar zu machen. Mir kamen die ersten Tränen, was machte ich nur hier?

Sie griff zum Telefon und begann ein eifriges Gespräch mit jemandem und ich hörte trotz schnellem Spanisch heraus, dass es wohl um mich ging. Dann drückte sie mir ihr Handy in die Hand und sagte irgendetwas, aber ich verstand nur ein Wort: English. In nahm das Handy und hielt es an mein Ohr. Am anderen Ende war eine Frau, die ganz wenig und schlechtes Englisch sprach und das noch mit einem überlagernden spanischen Akzent, sodass ich gefühlt so rein gar nichts verstand. Außer, dass die Bushaltestelle im Ort war, wo sich das Taxischild befand und ich zurück in den Ort laufen sollte. Mir kullerten die Tränen nur so herab, ich konnte sie nicht mehr zurückhalten. Nein, das konnte jetzt nicht wahr sein. Ich laufe nicht noch einmal 1,5 Kilometer zurück. Ich schluckte meine Tränen hinunter und versuchte nicht auch noch einen Nervenzusammenbruch zu erleiden und bedankte mich freundlich. Dann legte ich auf.

Ich schloss die Augen, die Tränen liefen weiter. Was nun? Taxi, mir fällt nur ein Taxi als Lösung ein, genau, nimm ein Taxi. Also versuchte ich der wirklich lieben und geduldigen Tankwartin klar zu machen, dass ich nicht weiterlaufen konnte und ich ein Taxi nach Villafranca Del Bierzo benötigte. Im Reiseführer stand, dass von dort ein Bus fahren würde. Entweder hatte sie Mitleid mit mir oder sie wollte mich einfach nur loswerden und nahm noch einmal ihr Telefon in die Hand und rief mir ein Taxi.

Dann kaufte ich mir ein Sports Aquarius und sie setzte mich vor dem Laden auf einen Stuhl und machte mir klar, dass meine Rettung in 10 Minuten da wäre. Jetzt brachen alle Dämme, ich konnte meine Tränen und meine Enttäuschung nicht mehr zurückhalten. Da saß ich nun, heulend, weil mir gerade bewusst wurde, dass ich gescheitert war, das war das AUS.

Ich war so sehr über meine Grenzen gegangen, hatte den Schmerz mit Schmerzmittel betäubt, mein Körper musste mir erst die Übelkeit und den Schwindel schicken, damit ich auf ihn hörte und mich endlich hinsetzte. Scheitern, scheitern, scheitern, pochte es in meinem Kopf, selbst schuld, weniger wäre mehr gewesen. Ich blöde Kuh und mein Ehrgeiz waren selbst schuld.

Da rollte auch schon der Taxifahrer an und packte mich ein. Ich bedankte mich noch bei der freundlichen und so hilfsbereiten Tankwartin, die wahrscheinlich nur erleichtert war, mich losgeworden zu sein. Im Taxi liefen die Tränen unaufhaltsam weiter. Der Fahrer telefonierte während der Fahrt, doch das Gespräch dauerte zum Glück nicht lange. Er fragte mich, wo genau ich hin wollte und ich sagte, zur Busstation. Da musste er kurz anhalten und sich per Telefon erkundigen, wo genau diese in Villafranka war. Dort warf er mich raus und zeigte mir ein kleines winziges Schild, auf dem Bus stand und dass ich hier richtig wäre.

Obwohl mich Zweifel überkamen, stieg aus und ging in die komische Spelunke von einem Restaurant. Dort versuchte ich mich verständlich zu machen und fragte, wann der nächste Bus Richtung Pereje oder Trabadelo fahren würde, in Richtung Santiago de Compostela, um genau zu sein. Sie schauten mich an und fragten, ob ich ein Ticket hätte. Nein. Dann fährt er durch nach Santiago und hält hier nicht. Wie, der Bus fährt durch, kann ich denn hier kein Ticket lösen?

Nein, nur online. Nur online bedeutete auch, nicht bei dem Busfahrer, denn der hielt ja nicht, wenn es nicht gebucht war.

Krass, da war ich in der Pampa gestrandet und kam hier nicht mehr weg. Ich beschloss Ella zu kontaktieren, um ihr meine Misere und meine Ankunft in Villafranca mitzuteilen und um in Erfahrung zu bringen, ob sie zufällig in der Nähe sei. Kurz darauf kam ihre Antwort. Sie war mit Georg und dem süßen, frisch verliebten Pärchen kurz vor Villafranca. Sie waren dabei, die Steilhänge unter mindestens demselben Schnaufen und Kampf mit der Hitze, zu bezwingen, wie ich.

In meinen Tränen und irgendwie auch in einer Wut auf mich selbst, lief ich im Schneckentempo den kleinen Berg hoch, um in den Ort zu gelangen. Es zog mich in dieses kleine Café EL Castillo, am historischen Castle und ich setze mich gleich vor die Kneipe. Jetzt konnte ich meinen Fuß endlich auf meinen Rucksack hochlegen. Ich bestellte mir umgehend einen frisch gepressten Orangensaft und etwas zum Essen.

Wie ich die Schuhe auszog, um den Fuß hochzulegen, um ihn einzusalben und zu verarzten, entdeckte ich zum ersten Mal, dass er dick und angeschwollen war und einem Luftballon glich.

Schon wieder kamen mir die Tränen. Die Enttäuschung den Camino jetzt abbrechen zu müssen war so groß. Ich hatte es nicht geschafft. Dort saß ich, in mich hinein heulend und beobachtete die vielen Pilger, die an mir vorbeizogen. Auch Gesichter, die ich bereits auf dem Weg oder in anderen Herbergen gesehen hatte, wie z.B. die Italiener. Jeder grüßte freundlich und manche blieben kurz stehen, als sie sahen, dass mein Fuß angeschwollen war. Mit einer liebevollen Geste des Mitgefühls gingen sie weiter und wir verabschiedeten uns. Denn für mich war klar, hier in Villafranca war mein Camino zu Ende.

Nach ca. einer weiteren 3/4 Stunde entdeckte ich Ella in Begleitung des jungen Georgs, der 18-Jährige, der nach seinem Abi den Camino startete. Sie setzten sich zu mir. Beide hatten ein aufrichtiges Mitgefühl und ich sage zu Ella: „Ella, lauf den Weg ab jetzt für mich mit." Sie umarmte mich und sagte: „Ja Gisa, ich laufe für dich mit!"

Wir aßen eine Kleinigkeit zusammen und dann bedankte sie sich noch herzlichst für die gemeinsame Zeit, dass wir ihr durch ihren Durchhänger geholfen hatten und für das Coaching, welches ich ihr am Cruz de Ferro geschenkt hatte. Ich fragte sie beim Abschied, ob sie noch etwas mitnehmen wollte oder gebrauchen konnte aus meinem Pilgerequipment. Sie lachte und meinte, ja, das

Tape-Band, um die Blasen zu verarzten. Gerne schenkte ich es ihr, denn ich brauchte es jetzt nicht mehr. Sie verarztete noch an Ort und Stelle ihre Wunden und teilte das Tape mit Georg.

Sie fragten mich, was ich jetzt tun würde. Meine Idee war: „Wenn ich nicht laufen kann, dann fahre ich ans Meer." Wir lachten herzlich, weil wir das alle für eine großartige Idee hielten.

Dann verabschiedeten wir uns endgültig voneinander. Das zauberhafte Pärchen, das sich auf dem Camino getroffen und verliebt hatte, die süße Amerikanerin und ihr Spanier kamen vorbei, umarmten mich und wünschten mir alles Liebe. In dem Moment flossen mir schon wieder die Tränen. Ich war so gerührt und im Herzen wieder gestärkt. Der Gedanke, an das Meer zu fahren, machte mir Mut und gab mir Hoffnung.

Dann entschloss ich mich in diesem Ort zu übernachten. In Sichtweite war ein kleines Hostel und am nächsten Tag wollte ich dann mit einem Bus von hier aus weiter nach Santiago de Compostela und von dort aus weiter an das Meer fahren. Heulend und humpelnd ging ich zu diesem Hostel. Dort angekommen war ein ganz reizender Hostel Manager anwesend, der mir mein Zimmer gab und mich freundlich, trotz Schweiß und Tränen, kurz drückte und tröstete. Ich ging auf das Zimmer. Ich hatte ein Zimmer, ein Bett und eine Dusche ganz für mich allein. Alles sauber und frisch, nur für mich und über dem Bett war in der Steinmauer wieder ein Herz eingemauert. Das sollte mich daran erinnern, die Liebe ist in mir und bei mir. Das war der pure Luxus nach den letzten Pilgerherbergen. Frisch geduscht legte ich mich in mein Luxusbett und fiel vor Schmerz und Erleichterung ein einen tiefen Schlaf.

Nach mindestens zwei Stunden wachte ich wieder auf und nun musste ich mich um einen Bus und eine Busverbindung nach Santiago kümmern. Leider ließ sich das nicht so einfach mit meinem Handy und mit meiner Kreditkarte buchen. Woraufhin ich den freundlichen Herrn an der Rezeption fragte, ob er mir an seinem Laptop weiterhelfen könnte. Wir sprachen über die Möglichkeiten nach Fisterra oder Finisterre, sprich an das Ende der Welt zu kommen. Er meinte, ich könne das dann von Santiago de Compostela aus leicht buchen. Er war sehr freundlich und buchte mir den Bus, den er mit seiner Kreditkarte bezahlte und ich bezahlte es im Anschluss mit dem Zimmer. So viel Hilfsbereitschaft und Anteilnahme an diesem Tag, es war so unglaublich schön und wirklich sehr berührend. Danach setzte ich mich erleichtert in das Café und teilte diese wunderbare Erfahrung in unserer kleinen Camino-Gruppe, mit Clarissa und Martina.

Die beiden meinten, dass sie am nächsten Tag auch in Villafranca ankämen und wir uns noch einmal sehen könnten. Oh, wie schön, da freute ich mich und das war ein schöner Abschluss meiner Reise. Und es bestätigt sich immer wieder, man begegnet sich nicht nur einmal auf dem Weg, man begegnet sich trotz Abschied immer wieder, weil alle den gleichen Weg gehen.

Ich gab meinen besten Freundinnen Bescheid, eine hatte mich ja schon angerufen, um mir Mut zu machen, und schickte ihnen ein Foto von meinem schönen Zimmer.

Auf Facebook postete ich unseren täglichen Bildbericht und den Stand der Dinge, ohne viele Worte. Und nun verkündete ich mein AUS, mein Scheitern. Aber ich selbst sage ja immer, wenn etwas nicht funktioniert, dann mache etwas anderes. Dann fahre ich eben ans Meer. Ich war sehr überrascht, wie viel Mitgefühl und wie viel Freude mir entgegenkam. Es war die reinste positive Energiewelle an Genesungswünsche und Anteilnahme, die mir von meinen Facebook-Freunden entgegenkam. Das tat mir gerade sehr gut, denn es war der erste Tag, an dem es mir nicht gut ging und ich gerne in den Arm genommen werden wollte, aber eben allein war.

 Botschaft des Tages:

Achte auf die Zeichen deines Körpers, denn er möchte dir etwas sagen und dich vor weiterem Schaden beschützen. Deine Symptome kannst du nicht mit einer Pille unterdrücken, wenn du die Ursache ignorierst und über die Grenzen gehst.

Das ist, als wenn in deinem Auto eine rote Warnleuchte aufblinkt und du, anstatt in die Werkstatt zu fahren, ein Pflaster darauf klebst. Du siehst das rote Licht nicht mehr, aber die Ursache ist noch lange nicht behoben und im schlimmsten Fall, bleibst du mit einem Motorschaden stehen.

Nur du trägst die Verantwortung für deine Gesundheit. Falscher Ehrgeiz ist hier fehl am Platz.

Tja, da hätte ich mal lieber nicht das Pflaster auf meine rote Kontrollleuchte geklebt, dann wäre ich zwar langsamer, aber dennoch am Ziel angekommen.

Aber, was ist das Gute am Schlechten? Ich kann zwar nicht in das Ziel laufen, aber an das Meer fahren und mit diesen positiven Gedanken konnte ich gut einschlafen.

14. Die Emotionen

 „Ich bin nicht gescheitert - ich habe 10.000 Wege entdeckt, die nicht funktioniert haben." Thomas Alva Edison

Sonntag, 25.08.2019

Endlich ausschlafen. Ja, das hatte ich mir verdient, in Ruhe ausgeschlafen, mich noch einmal umgedreht, die Stille und das Alleinsein in vollen Zügen genossen und nicht zu vergessen, das saubere Badezimmer mit seiner Dusche … hmmm.

Beim entspannten Frühstück erreichte mich eine WhatsApp von Clarissa und Martina. Sie wollten wissen, was das Hostel im Doppelzimmer kosten würde, ob es eine Waschmaschine gäbe und ob ich für die beiden buchen könnte. Was ich natürlich sehr gerne tat. Und dann? Dann wartete ich auf die Zwei und wartete und wartete.

Da mein Bus erst um 16.40 Uhr abfahren würde, beschloss ich, mir die Wartezeit im Café zu verkürzen. Von dort aus konnte ich gut auf den Camino sehen und die Ankunft der beiden ganz sicher nicht verpassen und sie mich nicht übersehen.

Es begann zu regnen und es kühlte sich rasch ab. Nach einer geraumen Zeit ereilte mich eine Nachricht nach der anderen und Martina fragte mich, ob ich aus dem Doppelzimmer zwei Einzelzimmer machen könne und es für sie umbuchen. Auch sie hatte das Bedürfnis nach Abstand und Ruhe, was ich irgendwie sehr gut nachvollziehen und verstehen konnte.

Meine schmerzenden und geschwollenen Füße und Beine ließen mich meinen Plan, ans Meer zu fahren noch einmal überdenken. Auf jeden Fall wird wohl ein Arzt die Stelzen begutachten müssen.

Was, wenn es nicht nur eine Entzündung der Sehnen, Bänder und der Muskulatur war? Was, wenn es ein Ermüdungsbruch war? Sollte der nicht besser behandelt werden? Ich war immer schon sehr zäh und gerne über meine körperlichen Grenzen hinaus gegangen. Dieses Mal eindeutig zu weit, deshalb sagte mein Inneres Stopp. Ich sollte in der Tat lieber nach Hause fliegen, so schnell wie nur möglich und es untersuchen lassen.

Also schaute ich schon mal nach Verbindungen und Möglichkeiten, von hier wegzukommen. Mit den öffentlichen Verkehrsmitteln würde das nicht so einfach werden. Als die beiden Damen endlich im Hostel ankamen und eingecheckt hatten, hatten wir nicht mehr lange Zeit, bis zu meiner Abreise. Diese Zeit nutzen wir, um im Netz nach passenden Flügen zu suchen. Das Ticket für den Bus ließ sich einfach nicht über das Handy buchen. Um den Hotelbesitzer nicht noch einmal bitten zu müssen, fragte ich dann doch bei Gero nach, ob er es in Deutschland für mich buchen könnte, was er natürlich gerne tat. Ich schickte ihm einen Screenshot von genau diesem Nachtbus, den ich nehmen wollte und bat in ausdrücklich darum, darauf zu achten, den Supreme Bus um 22:00 Uhr von der Firma Alsa nach Madrid an den Flughafen zu buchen. Etwas Unterstützung konnte ich gerade gut gebrauchen. Schon zeigte mein Handy die Buchungsbestätigung von Gero an. Ich traute meinen Augen nicht, es war der normale Bus eine Stunde früher. Mit diesem Bus würde ich um 7:00 Uhr irgendwo an einer Haltestelle in Madrid ankommen. Das Abenteuer schien noch ein wenig weiterzugehen. Denn wie ich vor dort aus dann zum Flughafen komme, ob mit den Öffis oder mit einem Taxi und von wo aus, erschloss sich mir zu diesem Zeitpunkt nicht.

Ich hätte gerade im hohen Bogen kotzen können, da sagte ich 10 x nur den Bus mit der direkten Verbindung zum Flughafen und sonst nix und er buchte mir genau den falschen Bus, nur weil der 10 Euro günstiger war und er für mich Kosten sparen wollte. Na prima, dafür zahle ich dann in Madrid das Dreifache, um an den Flughafen zu gelangen und werde in einem engen und stickigen Bus sitzen.

Aber ich durfte nicht meckern, denn er wollte mir nur helfen und nun brauchte ich noch den passenden Flug von Madrid nach Frankfurt. Diesen durfte ich dann vom Laptop des Hotels aus buchen. Tja, bis ich dann endlich zuhause ankommen würde, würden zweieinhalb Reisetage vergehen. Das bedeutete eine Nacht in Santiago de Compostela, eine Nacht im Bus und einen halben Tag Aufenthalt auf dem Flughafen.

Wow, das musste ich auf den Weg zum Bus nach Compostela erst mal verdauen. Clarissa und Martina begleiteten mich zur Bushaltestelle und wir tranken noch eine Kleinigkeit. Dabei sah ich mir Clarissa genauer an und fragte sie, was mit ihr seit vorgestern passiert wäre, denn sie sah so mitgenommen aus und ihre Haut voller Furunkel.

Die beiden sahen sich an und der Blick verwies auf nichts Gutes. Und dann rückte Clarissa mit der Sprache raus, warum sie dringend eine Waschmaschine und Einzelzimmer brauchten. Clarissa hatte sich „Bettwanzen" eingefangen und zeigte mir ihren Rücken und ihre Arme. Ich war sprachlos. Es sah aus, wie die Beulenpest und beim bloßen Anblick juckte es mich schon überall. Was hatte ich für ein Glück, dass mir das erspart geblieben war. Jetzt verstand ich die Dringlichkeit nach Privatsphäre und Waschmaschine mit Trockner. Clarissa musste ihr komplettes Hab und Gut, auch die Handtücher und den Schlafsack komplett in die Waschmaschine stecken. Ich fragte sie dann, wie sie das umsetzen würde, denn ganz nackt konnte sie doch nicht bleiben. Sie lachte und meinte, doch auf dem Zimmer würde sie sich ausziehen und duschen, Martina würde die Klamotten abholen und zum Waschen bringen und ihr zurückbringen. Sie würde sich in der Zeit in ihrem Bett verkriechen.

Tja, Glück im Unglück. Gut, dass gerade dieses zauberhafte Hostel zum richtigen Zeitpunkt auf dem Weg lag. Dann kam mein Bus, ein nun wirklich letzter Abschied und ich wusste in diesem Moment, ich würde zurückkehren, um genau ab hier den Rest des Caminos zu Fuß zu gehen.

Bis nach Santiago de Compostela dauerte die Fahrt gut drei Stunden und ich war froh, im Bus zu sitzen, da es inzwischen in Strömen regnete. Obwohl mir das Sitzen „dicke Füße" und schlechte Laune bescherte. Ich versuchte, mich mit Facebook und meinem Tagebuch etwas abzulenken.

Als der Bus in Santiago de Compostela angekommen war, waren meine Unterschenkel inzwischen fast so dick, wie meine Oberschenkel und dass will was heißen. Jetzt musste ich nur noch schauen, wie ich in die Innenstadt und zu einer Unterkunft kam.

Also marschierte ich ganz langsam los, irgendwann war ich dann an der Kathedrale und sah die glücklichen Pilger, die sich umarmten und gegenseitig gratulierten. Menschen, die sich gegenseitig feierten, denen die Erleichterung und der Stolz ins Gesicht geschrieben stand, die einfach nur glücklich waren. Pilger, die ihre Compostela, die Pilgerurkunde mit Tränen in den Augen in die Kamera hielten. Dieses Gemeinschaftsgefühl der Pilger war deutlich zu spüren.

Und dazwischen stand ich, traurig es nicht geschafft zu haben, das Gefühl gescheitert zu sein und nicht zu dieser fröhlichen Pilgerschaft zu gehören. Genau aus diesem Grund suchte ich mir ein kleines Hotelzimmer, denn eine Pilgerherberge war bestimmt das Letzte, was mir jetzt guttun würde.

Also lief ich durch die Gassen, machte in einer Apotheke halt, um mir ein paar Bandagen für meine Füße zu kaufen und checkte in einem Hotel ein. Ich hatte selten einen so unfreundlichen Portier gesehen und war schnell auf mein Zimmer gegangen, um zu duschen und mich hinzulegen. Kaum lag ich im Bett, entdeckte ich den Schimmel an der Decke. Ok, dann schnell mal das Fenster öffnen, um frische Luft ins Zimmer zu lassen. Als ich das Milchglasfenster öffnete, traute ich meinen Augen kaum. Wenn ich mich etwas gestreckt hätte, dann hätte ich bestimmt das Fenster auf der gegenüberliegenden Seite öffnen können. Der Blick war nicht in einen Innenhof, sondern in einen Schacht gerichtet. So etwas bedrückendes, wie dieses Zimmer mit „Aussicht", hatte ich wirklich noch nie gesehen. Wenigstens war das Badezimmer sauber. Ich musste dringend hier raus, um atmen zu können.

Also torkelte ich nach der Dusche wieder auf die Straße und mischte mich unter die Menschen. Da ich nicht weit gehen konnte, musste ich mir in der Nähe ein Restaurant suchen, in dem ich gemütlich und alleine etwas essen konnte. Erfreulicherweise fand ich auch eins, dass mir gefiel.

Im Gegensatz zum Camino waren die Preise hier ganz schön gesalzen, aber das sollte heute mein kleinstes Problem sein. Ich gönnte mir eine kleine Paella und ein Glas Rotwein. In mein Tagebuch vertieft, wollte ich mein Umfeld, mein Gefühl allein zu sein und meine Traurigkeit, einfach ausblenden. Aber so richtig gelang es mir nicht. Also machte ich mich wieder auf den Weg in mein trostloses Hotelzimmer.

Unterwegs kamen mir wieder die Tränen und ich dachte: „Liebes Universum, was ist nur los, schlimmer geht es gerade nimmer. Schicke mir bitte ein Zeichen, eine kleine Freude, ein Lächeln, einfach etwas, dass mich wieder aufmuntert, bitte."

Und dann geschah das kleine Wunder, als ich an einem Schuhladen vorbeilief, sah ich im Schaufenster wunderschöne Sneakers in „Gisa-rot", die mir auch mit meinen Bandagen an den Füßen passen würden. Na, das war doch jetzt ein gutes Zeichen und ein positiver Ausblick auf den nächsten Tag. So konnte ich mein hässliches Hotelzimmer und die Nacht darin ertragen. Mit diesen Gedanken und der Vorfreude auf genau diese Schuhe war ich erschöpft eingeschlafen.

🎯 Botschaft des Tages:

Was mir mein innerer Camino sagen wollte? Im Moment hatte ich keine Ahnung wofür das alles gut sein sollte. Ich fühlte mich einfach nur fehl am Platz. Vielleicht sollte ich nur ins Vertrauen gehen.

➢ *Vertrauen*
Wo auch immer du gerade mit deinen Gedanken festhängst, das Leben zeigt dir einen Weg.
Wenn du ihn noch nicht sehen kannst, dann vertraue. Denn jede Krise, jeder Fehler, jedes Scheitern, trägt ein Samenkorn in sich und einen Nutzen, den du erst später erst entdeckst.
Es ist so, als wenn du dieses Samenkorn in die Erde steckst und nichts sehen kannst. Doch dort unten in der Erde geht es auf, fängt an zu wachsen und zu gedeihen und eines Tages bricht es durch und wird zu einer stattlichen Pflanze.

15. Zwischen den Welten

 "Die schwierigste Zeit in unserem Leben ist die beste Gelegenheit, innere Stärke zu entwickeln." Dalai-Lama

Montag, 26.08.2019

In diesem Zimmer hatte ich alles andere als gut geschlafen, was auch nicht anders zu erwarten war. Trotzdem machte ich mich etwas frisch und kramte meinen kleinen Stumpen Kajal aus der Tasche, um mich etwas aufzuhübschen. Nach dem ich meine Füße und Beine versorgt und verbunden hatte, ging ich viel besser gelaunt als am Tag zuvor zum Frühstück. Das Essen und der Frühstücksraum waren wie zu erwarten, kein Highlight.

Ich ließ mir meine Laune nicht verderben, ich wollte heute einfach wieder meine gute Laune zurück, basta. Rumheulen und jammern ist ok, aber irgendwann ist es auch mal wieder gut. Also genoss ich, so gut ich es eben konnte mein Frühstück und meinen Kaffee und malte mir schon die neuen Schuhe an meinen Füßen aus. Die Stimmung hob sich merklich an.

Es drängte mich sozusagen aus dem Hotel auf die Straße, auch wenn die Füße schmerzten, humpelte ich über die Straße zum Schuhladen. Nach einem freundlichen „buenos dias", fiel der Blick der Verkäuferin sofort auf meine verbundenen Knöchel und die Augen weiteten sich. Ich war mir nicht sicher, ob es Mitleid oder Ekel war, aber mir war es wurscht. Ich wollt nur die Schuhe. Also zog ich meine Trekkingsandalen aus und probierte diese Sneakers an und oh Wunder, sie passten durch den Gummibund auch wundervoll mit dem Verband. Schick und schön war anders, ich gebe es zu, aber es machte mich gerade etwas glücklicher und zufriedener. Und dann waren dort in der Ecke noch ein paar zauberhafte Ballerinas in Rot. Oh, die musste ich unbedingt haben. Egal, die passen beide super in den Rucksack und begleiteten mich nach Hause. Geht nicht, gibt es nicht. EC-Karte gezückt, Augen zu und durch.

Nach fast 10 Minuten stand ich schon wieder auf der Straße. Nicht nur mein Konto war leichter, sondern ich fühlte mich emotional leichter, getröstet und das tat mir gerade richtig gut. Schuhe verändern dein Leben, frag Cinderella, schoss es mir gerade durch den Kopf und ich musste noch mehr schmunzeln. Frau kann sich auch mal was Schönes gegen Schmerzen kaufen, Schuhe oder so.

Mein Humor kam langsam zurück.

Also, was konnte ich heute hier in Santiago de Compostela anstellen, ohne viel Laufen zu müssen? Der Weg, den ich heute Abend bis zur Busstation zurücklegen musste, war ein gewaltiger Marsch und das mit meinen kaputten Füßen, sowie einem Schmerz, der über mein Schienbein hochkroch und bis in die Zähne zu spüren war. Das würde wahrlich kein Vergnügen werden.

Ich marschierte los und fand mich in einem kleinen Park mit zauberhaft verzierten Bänken wieder. Das sah einladend aus und nach dem ich meinen Rucksack abgestellt hatte, legte ich mich zum Entspannen auf die Bank. Meine Gedanken sprudelten nur so, ich konnte sie weder einfangen noch so richtig sortieren. In meinem Kopf war es unruhig, fast schon etwas stürmisch und ich beschloss an meinem Tagebuch weiter zu schreiben. Ich kramte es aus meinem Rucksack und stellte fest, hier zu sitzen war mir zu unbequem. Also brach ich auf und machte mich auf die Suche nach einem Café oder Restaurant, in dem ich einen Kaffee trinken und weiterschreiben konnte.

So schlenderte ich durch die kleinen Gässchen, in denen es nur so wimmelte von Andenken- und Touristenläden, in denen es jeglichen Ramsch und auch schöne Andenken zu kaufen gab. Hier und da blieb mein Blick hängen und es zog mich in ein solches Souvenirgeschäft und dort gönnte ich mir ein paar schöne Erinnerungen.

Als ich an der Kathedrale vorbeikam, baten mich wieder ein paar glückliche Pilger, Fotos von ihnen zu machen, was ich gerne tat. Wir kamen kurz ins Gespräch, als ich sie beglückwünschte und sie mich eher bedauerten. Nein, das wollte ich nicht und lief weiter.

Und dann sah es aus, als ob es gleich anfangen würde zu regnen. Ich verzog mich in ein Café, welches sich drinnen eher als Pub entpuppte. Aber mir war das egal, denn ich musste mich setzen und irgendwo die Füße hochlegen können. Also bestellte ich mir etwas und begann zu schreiben.

Während ich so dasaß, konnte ich durch die Scheibe die Pilger beobachten, wie sie glücklich ankamen und am Fenster vorbeizogen, in Richtung Kathedrale und Pilgerbüro gingen, um sich ihre wohlverdiente Pilgerurkunde, die Compostela, abzuholen.

Ich fühle mich zwischen den Welten, fast so, als gehöre ich hier nicht her und schon gar nicht dazu. Aber das Gefühl war nicht mehr so gewaltig, so schmerzhaft, als am Tage zuvor. Heute war eine Glasscheibe zwischen uns und es fühlte sich an, als ob ich in den Fernseher schaute, ich hatte die Szenen dissoziierter wahrgenommen und war völlig im Schreiben abgetaucht. Doch mein Magen fing an zu knurren und das nahm ich jetzt sehr direkt wahr. Leider gab es in der kleinen Bar nichts, außer ein paar Oliven zu essen. Also musste ich mich auf den Weg nach etwas Essbarem machen und zog weiter.

Das war mein Glück, denn so konnte ich mich in einem kleinen Obstladen noch mit Wasser und etwas Obst und Nüssen für die Busfahrt eindecken.

Anschließend fand ich einen schönen kleinen Platz, an dem die Sonne wieder schien und ich mich auf einen weiteren Kaffee niederlassen konnte, um gemütlich zu schreiben. Leider verkündete mir die Dame, dass es erst ab 19 Uhr wieder etwas zu essen gäbe, aber sie stelle mir wieder ein paar Oliven und ein paar Nüsse auf den Tisch. Das war meine Rettung und ich versank in meine Notizen.

Als es endlich so weit war, meinen Hunger ordentlich stillen zu können, machte ich mich schlau, was als Pilgermenü angeboten wurde. Als Vorspeise gab es Salat, das hatte ich verstanden, aber bei der Hauptspeise tat ich mich sehr schwer, irgendetwas mit Pollo …

Also Pollo ist Hühnchen, aber das andere konnte ich nicht verstehen. Die Bedienung versuchte es mir noch einmal freundlich zu erklären, aber ich hatte es wieder nicht begriffen. Dann sagte sie Pollo und fasste sich mit ihrer Hand an ihre Brust und da hatte es bei mir geschnackelt… Hähnchenbrust. Die Hauptspeise war Hähnchenbrust mit Kartoffeln. Jetzt mussten wir beide schallend lachen und ich war froh, dass sie an ihre eigene Brust und nicht zu meinem Busen gegriffen hatte, um es mir zu erklären.

Auf jeden Fall war das Essen köstlich und stärkte mich für das letzte Stück zur Busstation, um die Fahrt anzutreten. Zuvor hatte ich mir noch die neuen Schuhe angezogen und meine Sachen griffbereit für die Nacht, sortiert.

Der Bus würde über acht Stunden bis nach Madrid brauchen und um sieben Uhr dort ankommen. Die erste Amtshandlung wäre dann zu schauen, wie ich mit den Öffis zum Flughafen komme. Ich war gespannt, vor allem wie ich diese Nacht im Bus überstehen würde, und stieg ein.

Botschaft des Tages:

Nur du bist verantwortlich für deine Gedanken, denn aus deinen Gedanken entstehen deine Gefühle und daraus dein emotionaler Zustand.
Und denke daran, nichts dauert ewig, nicht einmal deine Sorgen. Du verlängerst sie nur durch Vergleichen und Jammern.

➤ Vergleichen macht unzufrieden (Ich hatte mich mit den Pilgern verglichen, die es geschafft hatten.)

Einer der häufigsten Energieräuber ist, sich ständig zu vergleichen. Sich zu vergleichen macht auf Dauer unzufrieden, unfrei und unglücklich. Denke freier, lasse los, finde dich und deine Persönlichkeit und sei dafür dankbar, wer du bist! Entdecke deine Einzigartigkeit und deine Erfolge!

➤ Lege doch mal eine jammerfreie Zone oder Zeit ein.
Konzentriere dich bewusst auf die Dinge, Menschen, Momente und Situationen, die dein Herz berühren und die schön sind.

➤ Bereits ein Lächeln und Schuhe können dir deine schlechte Laune verderben und vertreiben und sind gesundheitsfördernd.

16. Ankunft in der Heimat

 „Jeder Tag ist ein neuer Anfang."
Thomas Stearns Eliot

Dienstag, 27.08.2019

Es kam in der Tat wie befürchtet, laut, stickig, eng, zu warm und der Bus hielt alle zwei Stunden an, gerade immer dann, wenn ich endlich einmal eingedöst war. Meine Füße und Beine schwollen an, mein Hintern und Rücken taten mir weh, meine Geruchsknospen wurden strapaziert und meine Ohrstöpsel waren nicht dicht genug. Du möchtest nicht wissen, welche Geräusche ich da zu hören bekam und damit meinte ich jetzt nicht nur das Schnarchen und sägen. Ich dachte im Ernst, ich hatte in den Herbergen bereits alles gehört und musste feststellen, ich hatte mich getäuscht. Wie gerne hätte ich mich hier getäuscht. Da nütze mir mein positives Denken auch gerade herzlich wenig und so viel Sahne könnte ich hier gar nicht auf die ganze Schei... geben, damit ich es nicht hätte riechen können oder müssen.

Was für eine Nacht, was für ein Höllentrip, nach dem ich die letzte Nacht fast nicht geschlafen hatte und in dieser Nacht kein Auge zu machen konnte, kamen wir endlich in Madrid am Busbahnhof an.

Es ging wieder los, das Suchen nach der besten Verbindung, in mir kochte es inzwischen. Nur weil Gero dachte, er würde mir 10 Euro sparen hatte ich jetzt den beschissenen Bus, die Suche, wie ich jetzt an den Flughafen kommen könnte. Was war ich sauer, müde, hungrig, schlecht gelaunt, die Füße taten mir weh, wer hätte das gedacht, ich und meine Klamotten müffelten. Also beschloss ich, in den sauren Apfel zu beißen, suchte den Ausgang und den nächsten Taxistand, um mich direkt an das passende Terminal fahren zu lassen. Mich hier in Madrid irgendwo hinzusetzen und erst später an den Flughafen zu fahren machte für mich keinen Sinn, dazu war ich zu müde, konnte nicht laufen und ich hatte keine Ahnung, wo ich wirklich war.

Am Flughafen angekommen suchte ich erst einmal die Waschräume auf, um mich zu waschen, die Zähne zu putzen und mir auf der Toilette etwas Frisches anzuziehen. Du meine Güte, was ein paar Feuchttücher, frisches Wasser und ein Deo alles bewirken können, wahre Wunder.

Auf jeden Fall fühlte ich mich schon viel besser und dann war mir nach Frühstück und ich lief los, um mich dort in die Ecke zu setzten und bei einem Kaffee weiter zu schreiben oder etwas vor mich hinzudösen. Es war erst 8 Uhr morgens und der Tag noch lang. Ich musste bis zum Abflug um 16.40 Uhr die Zeit überbrücken und kam mir ein klein wenig vor, wie Tom Hanks in dem Film „Terminal", gestrandet.

Später erhielt ich von Martina die Nachricht, dass sie mit ihrem spanischen Freund, den sie schon lange kannte und bei dem sie übernachtet hatte, auch auf dem Flughafen aufschlagen würde. Darauf freute ich mich schon sehr, denn das würde mir meine Zeit bis zum Abflug wesentlich verkürzen und versüßen denn ihr Flug sollte gegen 14 Uhr gehen.

Nach dem Frühstück dachte ich mir, hmmm, ich könnte doch mal mein Gepäck sortieren und den Rucksack am Schalter aufgeben, dann würde es für mich auch leichter werden. Also sortierte ich aus, was ich über den Tag nicht mehr brauchte und gab mein Reisegepäck auf.

Die Zeit bis Martina ankam, überbrückte ich mit „Leute beobachten", mindestens drei Kaffees, um wach zu bleiben und meinen Notizen. Als sie kam, tranken wir zu dritt noch ein Käffchen, unterhielten uns und lachten über die Erfahrungen, die wir gemeinsam erleben durften und über die Storys, die die beiden seit Jahrzehnten verbinden. Es war schön und lenkte von meiner Müdigkeit ab.

Dann wurde es endlich Zeit durch die Sicherheitskontrolle und an unser Gate zu gehen. Ich hatte das Gefühl, meiner Heimat wieder einen Schritt näher zu kommen, inzwischen war es schon Mittag. Aber der Flug von Martina verschob sich fast um 2 Stunden, so dass sie knapp vor mir abflog und dann verzögerte sich mein Flug auch um eine Stunde.

Es gibt Dinge in meinem Leben, die kann ich mit Humor nehmen und einfach so sein lassen, aber ich war jetzt schon mindestens 34 Stunden ohne Schlaf auf den schmerzenden Beinen und Füßen und da ging bei mir nichts mehr mit Humor oder gute Laune zu nehmen.

Endlich begann das Boarding und ich saß im Flieger. Doch was jetzt noch kommen sollte, schlug alles.

Der Flieger war nicht sehr voll, was für ein Glück und ausgerechnet neben mir saß ein junger Mann, ca. 28 Jahre alt. Dieser war emsig damit beschäftigt alle seine Nägel an den Fingern inkl. seiner Nagelhaut abzukauen und an seinen zehn Fingern rumzuschlotzen. Einen besseren Begriff konnte ich nicht finden für das Rumgekaue und Geschmatze an den Fingern und das ständige in den

Mund stecken. Das war so widerlich, mir drehte es den Magen schon fast um und ich musste mich so beherrschen, um nichts zu sagen. Ich dachte mir nur, hoffentlich fasst er hier nichts mehr an, hoffentlich berührt er mich nicht mit diesen Fingern. Doch es sollte noch schlimmer kommen und ich traute meinen Augen nicht. Nach dem er mit allen Fingern durch war, steckte er doch glatt seinen Finger in die Nase, um das gefundene in den Mund zu stecken, es zu essen und weiter daran zu schlotzen, es war so ekelhaft.

Ich hätte ihm am Liebsten eine reingehauen, meine Faust wollte unbedingt in sein Gesicht.

Nein, allein die Vorstellung so jemanden auch nur mit der Faust zu berühren und der Gedanke, dass er hier alles gegrapscht oder vielleicht mich berührte, löste in mir einen Würgereiz aus.

Ich wusste nicht, ob er deutsch sprach, aber es brach aus mir heraus. Ich konnte mich nicht mehr zurückhalten und sagte angewidert, dass es so ekelhaft und widerlich und zack, lagen die Hände auf seinem Schoß, er hatte mich sofort verstanden.

Ich konnte hier unmöglich 2,5 Stunden neben diesem Menschen sitzen, mir drehte es den Magen um, also bat ich die Stewardess den Platz wechseln zu können, ich musste da weg.

Auf einem einigermaßen guten Platz konnte ich mich etwas entspannen und war wohl während des Flugs auch für eine Stunde eingenickt.

Endlich waren wir mit viel Verspätung in Frankfurt angekommen und Gero wartete bereits auf mich, in meiner Not war niemand da, der mich sonst hätte abholen können. Mein Sohn und seine Freundin, meine besten Freundinnen, alle waren im Urlaub und jetzt musste ich mich genau von dem Mann abholen lassen, von dem ich mich lösen wollte. Was für ein Scheiß und das, nach so einem Trip.

Doch das Warten ging weiter. Ich hatte es noch nie erlebt, dass das Gepäck einfach nicht auf den Bändern ankam, ich war kurz vor einem Nervenzusammenbruch und von Gero kamen ständig WhatsApp Nachrichten, wie lange es noch dauern würde.

Das Warten würde mir nicht viel ausmachen, wenn ich nicht gerade einfach so müde wäre, Gero mir keinen Druck machen würde und das Schlimmste waren die „Motzer", die hier fast schon cholerisch rumbrullten, was dies hier für ein

Sauladen wäre, sie würden sich beschweren usw. Das beschleunigte den Vorgang jedoch nicht im Geringsten, das nervte nur alle Umstehenden.

Für mich war es in dieser Situation sehr schwer, nicht die Fassung zu verlieren, mein Nervenkostüm lag blank und ich war den Tränen schon wieder so nahe. Glaub mir, ich wäre jetzt auch liebend gerne nur in meinem Bett gelegen und hätte mir die Decke über meinen Kopf gezogen.

Endlich konnte es weiter gehen, die Koffer kamen und ich schnappte mir meinen Rucksack und wollte die Choleriker hier hinter mir lassen. Draußen wartete Gero und zog ein Gesicht, welches seine schlechte Laune widerspiegelte. Oh nein, nicht schon wieder das nächste Drama, ich kannte ihn zu gut, um zu wissen, was auf mich zukam. Und auch das sollte sich so bewahrheiten, die üblichen Anfeindungen, Angriffe und Gemeinheiten musste ich mir bis ins Kreiskrankenhaus anhören.

Dort in der Notaufnahme war eine nette Ärztin, die jedoch keine wirkliche Notwendigkeit sah, mich um diese Uhrzeit zu verarzten und richtig zu untersuchen. Meine Beine waren Klötze, ich konnte kaum noch selbst laufen und sie meinte nur, ich wäre einfach etwas angespannt und solle die Beine ein paar Tage hochlegen.

Jetzt war es mit meiner Fassung vorbei, ich brach in Tränen aus, meine Nerven waren überstrapaziert. Dann tätschelt sie mir noch an meinen Arm und meinte, das wird schon wieder, sie hätte schon einige Leute gehabt, die sich überschätzt hätten und mit schweren Entzündungen und Ermüdungen in den Knochen, Sehnen und Bändern hier bei ihr angekommen waren und ich wäre auch nervlich etwas überstrapaziert.

Echt jetzt? Das hätte ich selbst nicht erkannt, dazu hätte ich jetzt keinen ärztlichen Rat gebraucht... „Meine Faust will unbedingt in sein Gesicht" dröhnte es von Herbert Grönemeyer in meinem Kopf, so innerlich aggressiv kannte ich mich gar nicht, aber wen bitte wunderte es, nach fast drei Tagen Rückreise und keinen Schlaf?

Draußen empfing mich Gero mit weiteren bissigen Kommentaren und Bemerkungen, in meinem Kopf grölte inzwischen der Grönemeyer-Song weiter... Meine Faust ....

Da war sie wieder die Bestätigung, warum wir kein Paar mehr waren und nie wieder eines werden konnten. Ich wollte nur noch nachhause, unter meine Dusche und in mein Bett.

Gero setzt mich ab und meinte, ich bräuchte noch dringend etwas zu essen, ich könne weder laufen noch mit dem Auto fahren, da meinen Führerschein noch in der Obhut der Verkehrsbehörde war. Er fuhr los und kaufte schnell noch etwas ein, bevor die Geschäfte schlossen, denn inzwischen war es kurz vor 22 Uhr. Das war auch eine seiner Seiten, diese fürsorgliche und liebevolle Seite machte es mir ja so schwer, die Trennung durchzuziehen. Deshalb brauchte ich für mich den Abstand, aber mir war so klar, es ging nie wieder für mich.

Als Gero nach seinem Einkauf meinen Kühlschrank gefüllt hatte, verabschiedete er sich.

Ich war nur noch froh, allein zu sein. Mein Tag ging zu Ende, ich war endlich zuhause angekommen, geduscht, in meinen „Bridget-Joans-Herzchen-Schlafanzug", die Füße verarztet, ins Bett gekuschelt und vor Müdigkeit und Kopfschmerzen fielen mir die Augen zu und sah die schönen Bilder der Sonnenaufgänge und die gelben Pfeile auf dem Camino.

 Botschaft des Tages:

Egal wie hart der Tag war, morgen gibt es einen Neuen und wir dürfen und freuen.

Egal wie hart der Tag war, beende ihn mit einem schönen Gedanken.

➢ Deine Seele verleiht dir deine Kraft und deine Stärke.
Ja, wir haben so viel Stärke, Kraft und Energie in uns, die uns wachsen und uns entwickeln lässt. Diese brauchen wir um Hindernisse, Schicksalsschläge oder schlimme Ereignisse aushalten und verarbeiten zu können.

➢ Wo liegt deine Kraft, Wo oder wer sind deine Kraft-Quellen?

➢ Wo kannst du auftanken, in einem schönen Gespräch, bei einem Spaziergang im Wald, oder auch mal nur entspannt alleine auf dem Sofa?

➢ Wo kannst du Glücksmomente sammeln, deine Herzkraft auftanken?

17. Der innere Camino

Obwohl der Weg für mich so abrupt endete und ich diesen Höllentrip auf dem Weg nach Hause hatte, die ersten Tage gar nicht laufen konnte, mein Führerschein noch nicht wieder in meinen Händen hielt und ich auch Wochen später Schmerzen in den Beinen und Füßen hatte, hatte ich das Gefühl, nicht richtig zuhause angekommen zu sein. In meinen Gedanken war ich immer noch auf dem Weg.

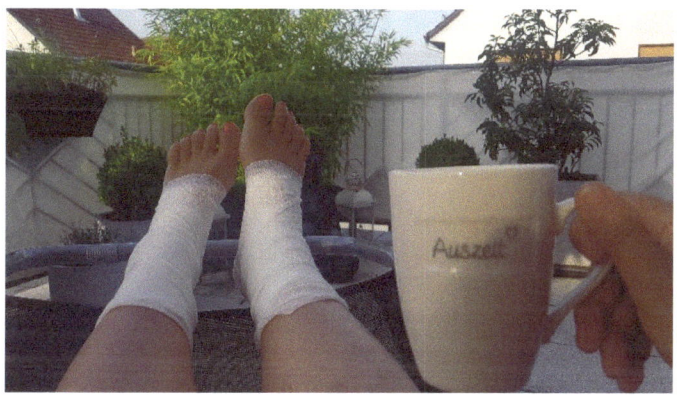

Die Botschaft für mich war, nimm dir eine Auszeit, halte einfach mal die Füße still. Was sollte ich auch sonst anderes tun?

Mir wurden einige Dinge in meinem Leben bewusst, ich dacht viel nach. Über die Einfachheit, das Reduzieren auf das Wesentliche, Menschen, die mir guttun und eben Begegnungen, die ich wohl in Zukunft nicht mehr brauche. In Zeiten meines inneren und äußeren Auf- und Umbruches verändert sich der Blick auf mein Selbst und mein Umfeld.

Mir wurde so sehr bewusst, es wird für mich immer einen Weg nach dem Weg geben. Egal welchen ich gehen werde, es wird nie wieder derselbe Weg sein, weil ich nie wieder dieselbe sein werde.

Deshalb beschäftigt mich der Weg noch Monate später. Ich bin in der Vorbereitung für meinen nächsten Trip, den ich plane. Der Camino und ich, wir haben noch eine Rechnung offen und ein neues Date.

Ich werde den Rest des Weges gehen:

- mit all dem Wissen, was ich falsch gemacht habe

- mit all meinen Gefühlen, gescheitert zu sein

- mit all den Erfahrungen, wie es nicht funktioniert

- mit all dem Wissen, wie ich es jetzt besser machen kann

- mit der Vorfreude, die sich bei jedem Gedanken daran einstellt

Ich bin nicht gescheitert, ich bin immer noch auf dem Weg

Ich habe in den letzten Wochen seitdem ich zuhause angekommen bin so viele Menschen kennengelernt, die den Weg ebenso gelaufen waren, die es auch nicht geschafft hatten. Die kleinlaut zugegeben haben, es aus verschiedenen Gründen abgebrochen zu haben, die sich dafür fast noch schämten, es nicht geschafft zu haben.

Bitte denke daran: Scheitern, etwas nicht zu schaffen und hinzufallen ist keine Schande, doch liegen bleiben schon.

Du bist im Grunde nicht gescheitert und ich auch nicht.

- Du hattest den Mut und hast dich auf den Weg gemacht und das ist etwas, dass so viele nicht gemacht haben.

- Du hast etwas Neues gewagt, was viele in ihrem Leben nicht wagen werden.

- Du hast nur eine Erfahrung gemacht, wie etwas nicht funktioniert, um vielleicht irgendwann daraus zu lernen, wie es funktioniert.

- Du kannst deine Erfahrungen und Erkenntnisse in deinem Leben anwenden und weitergeben.

- Du kannst anderen Mut machen sich auf ihren Weg zu begeben.

- Du kannst noch einmal losgehen, so wie es für dich passt.

- Du kannst deinen Enkeln vielleicht einmal von deinem Abenteuer erzählen.

18. Der Camino - Wissenswertes von A-Z nicht nur für Anfänger

Hier gebe ich dir meine Gedanken, meine Erfahrungen, mein Wissen weiter, ich erhebe nicht den Anspruch auf Vollständigkeit. Es soll dir vielleicht nur Lust machen, dich selbst auf deinen Camino zu begeben.

Aufbruch in die Auszeit

Für mich war es in der Tat ein Aufbruch in eine Auszeit.
Wenn wir uns aufmachen, um den Jakobsweg zu gehen, brechen wir zu einem unbekannten Abenteuer auf. Inmitten unserer schnelllebigen Zeit des Lärms, der Hektik, der Geschäftigkeit und der ständigen Erreichbarkeit und Verfügbarkeit findet das Wandern und die Stille in der Natur immer mehr Anklang. Eine Auszeit vom Alltag.

Zuerst bricht man von zuhause aus auf, man unterbricht oder besser gesagt, man bricht seinen Alltag auf. Beim Pilgern bricht man jeden Tag auf ein Neues auf, denn jede Pilgerreise ist ein Aufbrechen, jeden Tag startet man an einem Ort und bricht in ein Unbekanntes auf.

Was wird sich an diesem neuen Tag zeigen? Durch welche Orte führt der Weg? Welchen Menschen wird man an diesem Tag begegnen? Wie sieht das Etappenziel aus? In welcher Pilgerherberge steht das Bett für die heutige Nacht?

Was brechen wir an unseren Gewohnheiten auf? Welche Gedanken brechen wir in unserer Auszeit auf? Welcher Lebensumbruch hat für den Durchbruch gesorgt?

Manchmal kann ein bewusster Aufbruch zur Auszeit ein wahrer Durchbruch sein.

Ausrüstung/ Packliste

Die Frage nach der Ausrüstung stellt sich jedem spätestens nach der Entscheidung den Weg zu gehen.
Was nehme ich mit? Welchen Rucksack, welche Schuhe, brauche ich einen Schlafsack, was brauche ich usw.

Dazu habe ich mir die Mühe gemacht und im Anhang eine ausführliche Packliste erstellt. Ich hätte mir so eine detaillierte Liste inkl. Erklärungen für meine erste Reise gewünscht.

Begegnungen

Begegnungen können unglaublich bereichernd sein oder einfach nur nervig. Du hast immer die Wahl, wie du damit umgehst.

Die meisten Begegnungen auf dem Camino sind ein Segen und machen den Weg auch aus. Wenn du offen bist für Begegnungen jeder Art, dann werden dir die Herzen und Menschen auch offen begegnen. Du wirst in kurzweilige Gespräche verwickelt, du wirst als Mensch wahrgenommen, deine Geschichte interessiert andere. An manchen Tagen hängst du deinen Gedanken und Fragen nach und plötzlich hast du eine Begegnung oder ein Gespräch und die Person sagt dir den einen Satz, das eine Wort oder gibt dir unbewusst die Antwort auf deine Fragen.

Es ist so unglaublich spannend, welche Antworten auf dem „Weg" liegen.

Blasen

Es ist ein Ammenmärchen, dass jeder der pilgert, auch automatisch Blasen bekommt. Blasen kann man bekommen, muss man aber nicht.
Jeder Mensch ist unterschiedlich trainiert und empfindlich, wenn man ein paar Dinge beachtet, kann man Blasen auch vermeiden. Durch die mechanische Reibung zwischen Socke (oder Schuh) können Blasen entstehen. Die häufigsten Ursachen für Blasen sind schlecht sitzende, oder nicht eingelaufene Schuhe oder schlecht sitzende Socken, feuchte Füße, ungewohnte lange Strecken (Pilgern, Wandern).

Deshalb lohnt es sich im Vorfeld die richtigen Socken und Schuhe auf längeren Strecken zu testen.

Jedenfalls hilft bei empfindlichen Füßen Blasenpflaster, manche schwören auf Nylonsocken. (Von Nylonsocken halte ich persönlich nichts, weil hier noch mehr Reibung entstehen kann und weniger Luft zirkuliert und der Fuß schwitzt).
Ein ganz normales Tape-Pflaster kann Wunder bewirken, wenn du eine empfindliche Stelle bemerkst und diese im Vorfeld abklebst.

Sich die Füße 2x am Tag mit Hirschtalg einzucremen schützt und pflegt.

Buen Camino

Zwei Wörter, die übersetzt bedeuten „buen" gut und „Camino" Weg. Es ist ein Pilgergruß und man wünscht sich gegenseitig einen „guten Weg". Egal, aus welchem Land man stammt, es gibt keine Sprachprobleme, alle benutzen diese eine Grußformel, alle gehen diesen einen Weg und alle sind ein Teil einer großen Pilgerfamilie.

An manchen Tagen kann dieses freundlichen „buen Camino" sehr tröstlich sein, an anderen aufbauend und auch Anerkennung und Wertschätzung darstellen.

Camino

Der Jakobsweg wird oft auch „der Camino" genannt und ist das spanische Wort für Weg.

Compostela

Die Pilgerurkunde, die in Santiago de Compostela von den kirchlichen Behörden gewährt wird und bescheinigt, dass der Pilger eine Mindeststrecke von 100 km zu Fuß oder Pferd (200 km mit dem Fahrrad) auf dem Jakobsweg zurückgelegt hat.

Um diese zu erhalten braucht es die täglichen Stempel im Pilgerausweis, bzw. ab den letzten 100 km braucht es zwei Stempel pro Tag.

Durchhänger

Die bleiben nicht aus. Es kann sein, dass dir die Etappe zu anstrengend ist, es seit Tagen regnet, dir deine Füße nur noch weh tun und schmerzen, du tagelang keine richtigen Gespräche geführt hast, dein Gedankenkarussell gerade Achterbahn fährt, das Schnarchen und Pupsen in den Schlafsälen dir auf die Nerven geht und du dich nach nächtlicher Ruhe und einem sauberen Einzelzimmer sehnst.

Was immer es auch gerade ist. Achte auf deine besonderen Bedürfnisse. Gönne dir eine Auszeit deiner Auszeit. Sorge gut für dich.

Suche dir ein kleines Hotel, verwöhne dich, gönne dir einen Ruhetag, ein leckeres Essen oder die Gesellschaft zu anderen Pilgern, wenn du zu lange alleine unterwegs warst. Egal was, denke an dein Ziel, dein WARUM du auf dem Weg bist und dann sorge gut für dich. Morgen kann die Welt schon wieder ganz anders aussehen.

Etappen

Es ist egal, wie lange du dir Zeit für den Camino nimmst und wie du dir den Weg einteilst, ob du täglich 8, 18 oder 28 Kilometer gehst, alles ist richtig.

Jeder geht den Weg in seinem Tempo und seinem Rhythmus, Schritt für Schritt. Die Tage und jede Etappe können durch verschiedene Faktoren in seiner Länge unterschiedlich sein. Die einen haben die Motivation den Camino in einer bestimmten Anzahl von Tagen zu schaffen, andere sind zeitlich offen. Dann spielen noch weitere Faktoren eine Rolle, wie persönliche Fitness, die Jahreszeiten mit ihren eigenen Wetterlagen, die Höhenprofile und nicht zu vergessen, die Pilgerunterkünfte.

Mir sind Pilger begegnet, die sind im Durchschnitt 30 Kilometer am Tag gelaufen und andere max. 15 – 20 Kilometer, andere haben nach zwei bis drei Eingewöhnungstagen ihren Rhythmus bei ca. 25 Kilometer pro Tag gefunden. Mir ist jemand begegnet, der ist den Jakobsweg gejoggt und ist täglich einen Marathon gelaufen, das fand ich megakrass.

Aber egal wie, achte auf deine eigenen Grenzen, dein Körper gibt dir Zeichen. 😉

Finisterre

Das Ende der Welt genannt. Für viele Pilger ist Finisterre das eigentliche Ende des Jakobsweges und des Pilgerns. Der Weg führt von Santiago de Campostela noch einmal ca. 90 Kilometer Fußmarsch an die Westküste Galiciens.

Füße

Pflegen, pflegen, pflegen…. Und manchmal kühlen, in einem Bach, einer der Brunnen oder Wasserquellen.

Unsere Füße sind beim Pilgern ganz besonderen Belastungen ausgesetzt. Nicht nur dass wir ihnen ungewohnt lange Strecken zumuten, nein auch die ungewohnte Last und mehr an Gewicht auf unserem Rücken. Dabei sind die Schmerzen in den Füßen und Beinen sind nicht zu vernachlässigen, damit meine ich nicht nur die Blasen.

In den Pilgerherbergen stehen die Waschschüsseln für die Pilgerwäsche zur Verfügung, warum nicht auch mal ein Fußbad darin machen und sich selbst verwöhnen.

Gedanken

Die Gedanken sind frei. Doch mit jedem Schritt kommen neue Gedanken und sie fliegen manchmal wie Wolken an uns vorüber. Gedanken sind im Grunde ein immerwährender Prozess von Fragen und Antworten. Es kommt auch darauf an, mit welchen Fragen du dich auf den Weg gemacht hast, dementsprechend werden dir deine Gedanken oder ein Mitpilger eine Antwort liefern.

Unser Gehirn funktioniert ähnlich wie Suchmaschine im Internet, das was du als Suchauftrag eingibst, ist entscheidend für die Antwort, die du erhältst. Die Qualität deiner Fragen bestimmt die Qualität deiner Antworten.

Geld

Du brauchst für die meisten Pilgerherbergen und Bars Bargeld. In allen größeren Orten gibt es EC-Automaten. Du brauchst nicht das ganze Geld für die Reise mitnehmen, rechne einfach mit ca. 30 Euro im Durchschnitt pro Tag und dass du immer für ca. zwei bis drei Tage genug Geld hast.

Gepäcktransport

Es gibt Pilger, die haben ihre Etappen festgeplant und sich für einen Gepäckservice entschieden. Das hat den Vorteil, man hat in der Unterkunft alles, was man sich an Luxus eingepackt hat und wandert täglich mit leichtem Gepäck.

Auf meinem Weg bin ich einer italienischen Gruppe begegnet, die solch einen Service gebucht hatte. Aufgrund der Gruppengröße mussten sie ihre Unterkünfte im Vorfeld buchen und es waren auch zwei ältere und gebrechlichere Damen in dieser Gruppe, die ohne diesen Service sicherlich nicht dabei sein könnten.

Doch es gibt auch Nachteile, denn die Strecke ist im Voraus exakt geplant, lässt keinen Spielraum für Spontanität, sprich hier gefällt es mir, hier lasse ich mich nieder. Oder, wenn man einfach mal nicht mehr kann, aber das Gepäck schon in der Herberge noch Kilometer entfernt wartet.

Grenzen

Der Jakobsweg zeigt dir auch deine Grenzen, damit meine ich nicht die Landesgrenzen, damit meine ich deine körperlichen und seelischen, innerlichen und äußerlichen, sichtbaren und unsichtbaren Grenzen.

Man erkennt seine inneren Grenzen sehr deutlich, wenn man in einem Schlafsaal liegt und um einen herum raschelt, schnarcht und pupst es und man selbst ist rücksichtsvoll, still und will eigentlich nur noch schlafen.

Die körperlichen Grenzen werden einem klar, wenn man die Folgen und Schmerzen der Strapazen des Tages spürt und nur noch duschen und schlafen möchte. Aber auch hier sollten die Zeichen und die Grenzen des Körpers bewusst wahrgenommen werden und nicht mit Schmerzmittel unterdrückt werden, sonst kommt es zu schlimmeren Verletzungen und Folgen und ich weiß, wovon ich spreche.

Herbergen oder Hotel

Eine gute Frage, die jeder nur für sich beantworten kann.

In ganz Spanien gibt es jede Menge Herbergen, die am Weg liegen und den Pilgern Unterkunft für eine Nacht gewähren. Richtig zu Pilgern bedeutet, in den Pilgerherbergen zu übernachten, meist in Mehrbettzimmern mit Stockbetten. Privatsphäre ist in Herbergen eher wenig gegeben, was nicht bedeutet, sich zwischendrin mal den Luxus eines schönen Hotelzimmers zu gönnen. Auch darf man in den Herbergen oft nur eine Nacht bleiben und wenn man eine Pause machen möchte, um sich zu erholen, dann eignen sich kleinere Pensionen oder ein Hotel.

Um in einer Pilgerherberge übernachten zu dürfen benötigt man den Pilgerausweis, den es meist ebenfalls in den Herbergen für wenig Geld zu kaufen gibt.

Hilfe

Es ist unglaublich wie hilfsbereit und freundlich die Menschen untereinander auf dem Weg sind. Egal, welche Frage du hast, was du gerade brauchst, es ist immer jemand da, wen du um Hilfe bittest, du bekommst sie. Wenn die Menschen auf der ganzen Welt so nett miteinander umgehen würden, wie auf dem Camino, dann wäre die Welt ein Ort des Friedens.

Höhepunkte

Wie im echten Leben gibt es auf dem Jakobsweg Höhepunkte wie auch Tiefpunkte. Höhen und tiefe Täler. Was es ganz besonders auf dem Weg gibt, sind zauberhafte Höhepunkte, wie z.b. Cruz de Ferro. Aber es müssen nicht immer geografische Höhepunkte auf einem Gipfel sein, es kann auch ein Wort, eine Umarmung oder eine Begegnung sein.

Hospitaleras/Hospitaleros

Erst durch die Gespräche in den Herbergen habe ich erfahren, dass viele Hospitaleros ehrenamtlich in den Herbergen tätig sind. Sie waren zum Teil selbst schon ein paarmal auf dem Camino als Pilger unterwegs und wollen die positiven Erfahrungen weitergeben. Mache hospitieren nur ein paar Wochen, andere sind Monate lang dort, wieder andere sind auf dem Camino geblieben und haben vielleicht sogar selbst eine Herberge eröffnet, weil sie den Einstieg in ihr altes Leben nicht mehr geschafft haben.

Internet

Ich kann mich gut erinnern, dass ich mich jedes Mal gefreut habe und nicht nur ich bei der Ankunft in der Herberger nach dem WLAN Passwort gefragt hatte.

Keine Sorge, in fast jeder Herberge, fast jedem Restaurant und natürlich in den Hotels gibt es gutes WLAN.
  ➢ Nur unterwegs gibt es oft gar kein Netz, das ist auch gut so.

Jakobsweg

Pilgern ist IN. Es ist nicht nur ein Wandern auf Zeit, es ist eine unglaubliche und unbeschreibliche Atmosphäre den Jakobsweg zu pilgern. Die Erklärung hatte ich dir bereits in der Einleitung gegeben.

Doch übrigens hat der spanische Jakobsweg 2018 erneut eine Rekordzahl an Pilgern verzeichnet. Es erhielten 327.378 Ankömmlinge ihre Pilgerurkunde, wie das Pilgerbüro in Santiago de Compostela auf seiner Internetseite bekannt gab. Damit wurden die Bestmarken der vergangenen Jahre übertroffen.

Kirchen

Ich gebe zu, ich bin den Camino für mich nicht aus religiösen, sondern eher spirituellen Gründen gegangen und kann dir über die Kirchen auf dem Weg nichts sagen, außer: „Schau in deinen Reiseführer, der weiß Bescheid."

Kosten

Die Kosten sind überschaubar und du kannst am Tag mit ca. 30 – 35 Euro rechnen, wenn du in Pilgerherbergen übernachtest und dir das Pilgermenü gönnst und ab und an mal ein kleines Picknick.

Kraftorte

Für mich war der ganze Weg jeder einzelne Schritt bereits mein innerer und äußerer Kraftort. Dir werden viele Plätze und Orte begegnen, die dir Kraft geben, doch die Entscheidung den Weg zu gehen schenkt dir deinen inneren Kraftort.

Markierungen

In Deutschland gibt es immer Wanderwege und schöne Markierungen und wer auf dem Jakobsweg unterwegs ist, der wird die gelben Pfeile, die Muscheln und die Wegsteine zu schätzen und zu lieben lernen.

Die gelben Pfeile findest du an Mauern, Hauswänden, auf dem Boden auf Steinen. Mir haben die Markierungen immer Sicherheit und Halt gegeben und das Wissen auf dem richtigen Weg zu sein.

Die Wegsteine sind nicht nur Markierungssteine, sondern auch kleine Kunstwerke und „Meilensteine". Sie zeigen dir ab Galicien die exakten Kilometer an und du weißt sofort wie weit es noch bis Santiago de Compostela ist. Mir gab es Mut und Kraft durchzuhalten, zu wissen, wie weit es noch ist.

Muschel

Die Muschel ist ein Symbol für Pilger. Wer auf dem Jakobsweg unterwegs ist, hat diese als Erkennungszeichen am Rucksack befestigt. Früher gab es die Muschel erst am Ziel und heute stattet man sich schon mit dem Pilgerausweis zuhause damit aus.

Musik

Ich kenne einige, die sich eine Playliste erstellt haben und die mit Kopfhörer gelaufen sind. Andere haben die Musik auf einem Lautsprecher gehört und während des Wanderns andere mitbeschallt. Dieses rücksichtlose Verhalten ist selten bei den Mitpilgern auf Zustimmung oder Freude gestoßen.

Die Menschen gehen auf den Weg, um in der Stille zu pilgern, der Natur und ihrer inneren Stimme zu lauschen.

Nachtruhe

Das Wort Nachtruhe ist in manchen Herbergen weit hergeholt. In den großen Schlafsälen ist es oft schnell unruhig. Es gibt auch spezielle Schnarchsäle. Die Nachtruhe wird meist um 22 Uhr eingeläutet und es geht sprichwörtlich das Licht aus.

Was ich auf jeden Fall empfehle, sind Ohrstöpsel und vielleicht sogar eine Schlafmaske (Schlafbrille), um zur Ruhe zu kommen.

Pilgerausweis

Der Pilgerpass ist ein wichtiges Dokument auf jedem der Jakobswege. Und zwar aus zwei Gründen:

1. Nur mit einem Pilgerausweis wirst du in die Herbergen gelassen und erhältst so deine Unterkunft auf dem Jakobsweg.

2. Nur mit einem richtig abgestempelten und offiziellen Pilgerausweis kannst du dir in Santiago am Ende deiner Pilgerreise die sogenannten Compostela, deine Pilgerurkunde, ausstellen lassen. Dafür musst du mindestens innerhalb der letzten 100 Kilometer (per Fahrrad 200 km) vor Santiago 2 Stempel pro Tag in deinem Pass gesammelt haben.

Je nach dem von wo du lospilgerst, wird dir wahrscheinlich ein Pilgerausweis nicht reichen. Wenn Du gern alle Stempel sammeln möchtest, benötigst du mindestens zwei. Du kannst sie dir bereits vorab in Deutschland bestellen. Zusätzlich ist eine Schutzhülle empfehlenswert, denn es kann auch mal sehr regnen und dein Gepäck wird völlig durchnässt und die Stempel verwischen, das wäre sehr schade, denn jeder Stempel ist auch eine Erinnerung.

Offizielle Bestellmöglichkeiten:
https://deutsche-jakobus-gesellschaft.de/pilgerausweis.html

https://www.jakobsweg.de/pilgerpass/

Pilgergottesdienst/ Pilgermesse

Auf dem Weg gibt es verschiedene Möglichkeiten an Pilgergottesdiensten teilzunehmen. Wem es wichtig ist, der sollte sich im Vorfeld informieren.

In Santiago de Compostela findet die Pilgermesse in der Regel täglich um 12:00 Uhr statt. An manchen Tagen gibt es zusätzliche Pilgermessen – fragen lohnt sich. Meist kann das Pilgerbüro schon gute Auskünfte bieten.

Die Pilgermesse ist, auch wenn man nicht katholisch oder gläubig ist, ein würdiger Abschluss.

Pilgermenü

Die Pilgermenüs werden oft in den Herbergen, aber auch in umliegenden Bars und Restaurants angeboten und kosten zwischen 9 - 12 Euro (es gibt auch teurere).

Sie bestehen meist aus einer Vorspeise, Hauptspeise, Nachspeise und einem Glas Wasser und/oder Wein. Manchmal kann man aus verschiedenen Menüs wählen und es ist oft auch eine vegetarische Variante möglich.

Es entsteht ein schönes und geselliges Miteinander unter den Pilgern und wenn man den ganzen Tag alleine war, tut es gut, ein paar Worte wechseln zu können.

Pilgerwäsche

Es ist so natürlich nach der Ankunft in der Herberge zu duschen und danach seine Kleidung mit der Hand auszuwaschen. Vor Ort gibt es immer ein Waschbecken oder eine kleine Waschküche. Wenn du Glück hast, gibt es eine Waschmaschine und Trockner, die du gegen eine Gebühr benutzen kannst. Wäscheleinen oder Wäscheständer sind oft vorhanden, ich hatte allerdings eine kleine Schnur als Leine dabei, die ich an den Stockbetten festbinden konnte und meine 3 Sachen dort trocken konnte.

Reiseführer

Es macht Sinn sich einen aktuellen Reiseführer zu gönnen. Diese werden jährlich aktualisiert und überarbeitet. Man kann sich sehr gut auf die Angaben verlassen und weiß z.B. was kostet die Übernachtung in der Herberge, wie groß ist der Schlafsaal oder die Bettenanzahl. So kannst du dich vorab schlau machen, ob es eine Waschmaschine oder ein Pilgermenü gibt, sie privat oder kirchlich geführt ist usw.

Santiago de Compostela

Das Ziel: Santiago de Compostela! Die Hauptstadt von Galicia, ist nicht nur der Zielpunkt des berühmten Jakobswegs ("Camino de Santiago"), eines mittelalterlichen Pilgerwegs, sondern auch das Ziel aller europäischen Pilgerwege. Ein magischer Ort, der bis heute zahlreiche Besucher aus aller Welt anlockt und von der UNESCO 1985 zum Welt-Kulturerbe erklärt wurde. Ein Besuch der berühmten Kathedrale und des Pilgermuseums ist fast unumgänglich, auch wenn es sehr voll und trubelig ist.

Der Name der Stadt leitet sich von dem Apostel Sankt Jakob ("Santiago") her, der hier laut Überlieferungen begraben liegt.

Stempel

Ich kann mich an den bewegenden und ehrfürchtigen Moment meines ersten Stempels in meinem Pilgerausweis gut erinnern. Die Stempel sind nicht nur Stempel, es sind oft kleine Kunstwerke, die du in manchen Kirchen, Pilgerherbergen oder Bars auf dem Weg bekommst.

Sie werden in deinem Pilgerausweis verewigt, den du benötigst, um in den Pilgerherbergen zu übernachten und am Ende, um deine Compostela (Pilgerurkunde) zu erhalten.

Am Anfang reicht ein Stempel pro Tag, jedoch auf den letzten 100 Kilometern braucht man zwei Stempel pro Tag als Nachweis, dass man wirklich zu Fuß gepilgert ist und die Urkunde „ehrlich" verdient hat.

Radpilger, so habe ich mir sagen lassen, benötigen wohl bereits ab 200 Kilometer vor Santiago de Compostela ihre Stempel, damit der Weg als gepilgert gilt.

Tagebuch

Ein Tagebuch mitzunehmen um unterwegs die Ereignisse, Gedanken, Gefühle und Erinnerungen aufzuschreiben ist ein Geschenk an sich selbst. Auch, wenn man im Alltag keine Lust oder Zeit hat ein Tagebuch zu schreiben, so lohnt es sich, für diese Zeit ein kleines Notizbuch mitzunehmen.

Es gibt bestimmt mehr als nur einen guten Grund ein Jakobsweg-Tagebuch zu schreiben:

- Du schaffst Erinnerungen von deinen Erlebnissen und Gefühlen,

- für eine emotionale Entlastung bei schwierigen Situationen,

- für die Selbstreflexion von Gefühlen und Einstellungen, sprich wie denkst du,

- dein Tagebuch als dein Freund, dass du dich nicht alleine fühlst.

Vorbereitung

Die Vorbereitung beginnt mit der Entscheidung den Weg zu gehen.

Du wirst gefragt oder ungefragt tausende von Ratschlägen und Pilgerstorys hören, ob du es willst oder nicht.

Wie du dich vorbereitest und was du brauchst, sei es an Informationen oder an der Ausrüstung, hängt ganz von deinen bisherigen Reisegewohnheiten, von der Länge und Beschaffenheit des Weges und nicht zu vergessen, von der Jahreszeit ab.

Da ich noch nie mit dem Rucksack unterwegs war, habe ich im wahrsten Sinne des Wortes bei NULL angefangen. Ich musste mich über den Reiseführer, Erfahrungsberichte und Packlisten informieren und mir dann Stück für Stück meine Ausrüstung kaufen und zusammenstellen. Und mich zum ersten Mal in meinem Leben fragen, was brauche ich wirklich? Es ging nicht darum, was ich alles mitnehme, sondern eher darum, was ich alles weglasse.

Wasserquellen

Als ich den ersten Tag losgelaufen war, hatte ich eine 1,5 Liter Wasserflasche und meine 0,75 Liter Flasche dabei, weil ich Angst hatte zu verdursten, oder unterwegs nichts mehr zu bekommen. Ich hatte mein Gepäck unnötig beschwert und durfte feststellen, dass die Orte nie so weit auseinander lagen, es überall Wasser zu kaufen gab und was noch schöner war, es gab öffentliche Wasserquellen, in denen jeder seine Flaschen auffüllen kann. Als ich das begriffen hatte, hatte für mich eine 0,5 Liter Wasserflasche und meine Thermoflasche ausgereicht und ich musste weniger schleppen.

WC

Auf dem Weg wirst du immer wieder durch Orte kommen, wo du in Cafés oder anderen Möglichkeiten Toiletten benutzen kannst. Doch auf der Strecke bleibt dir es nicht erspart, hier und da mal einen „husch hinter einen Busch" zu wagen. Dort wirst du leider an den Spuren feststellen, dass du nicht die erste oder letzte Person hier bist oder sein wirst, die ihren Bedürfnissen nachkommt. Doch auch hier sollte auf die Umwelt geachtet werden und lieber Toilettenpapier statt Tempotaschentücher benutzt werden. Wusstest du, dass Papiertaschentücher so bearbeitet und beschichtet sind, dass sie sich in der Waschmaschine nicht auflösen und aus diesem Grund auch in der Natur nicht so schnell verrotten und lange liegen bleiben?

Zeichen

Es gibt auf dem Weg immer Zeichen und Wunder, man muss sie nur sehen.

An dem einen Tag, als ich alleine losgelaufen war, habe ich den ganzen Tag Herzen gesehen. Sei es als Stein auf dem Boden, Steinherzen als Kunstwerke, Graffiti an den Wänden oder abends ein Herz als Deko in der Suppe. Für mich war es ein Zeichen der Liebe, die Liebe ist in mir, die Liebe ist um mich, ich bin nicht alleine, ich bin geliebt. Das tat mir so gut.

Andere haben mir von Federn, von Grashüpfern und anderen Zeichen erzählt, die sie auf ihrer Pilgerwanderung begleitet haben. Und wieder andere haben mir erzählt, dass sie mitten in der Nacht wach wurden und wussten, heute passiert etwas ganz Besonderes und dann sind sie dem Traumpartner begegnet und es war Liebe auf den ersten Blick, oder besser gesagt auf dem ersten Camino.

Welche Zeichen wirst du entdecken und in deinem Herzen und Erinnerung mitnehmen?

Zeit

Um den Camino zu laufen gibt es nie den richtigen Zeitpunkt, denn wenn du dich entscheidest zu gehen, dann ist genau das der richtige Zeitpunkt und manchmal ruft er dich.

Natürlich gibt es so etwas wie Saison Zeiten. Die Hauptsaison ist z.B. im Frühjahr der April und Mai und im Herbst sind es die Monate September und Oktober.

Ziel

- Was ist dein persönliches Ziel?
- Nur eine Etappe zu laufen oder den ganzen Weg?
- Etwas hinter dir zu lassen?
- Ist es nur den Weg zu gehen oder ist es das Ankommen?
- Ist für dich der Weg das Ziel?
- Führe mindestens fünf Punkte an, warum du dieses Ziel erreichen möchtest?
- Welche großen Hindernisse könnten dir beim Erreichen des Zieles im Weg stehen?
- Welche Ideen hast du, um deine Hürden zu überwinden?
- ➢ Und zum Schluss – das gehört dazu. Wie feierst du das Erreichen deines Zieles?

„Am Ziele deiner Wünsche wirst du jedenfalls eines vermissen: dein Wandern zum Ziel."
Marie von Ebner-Eschenbach

19. Packliste

Wer eine Pilgerreise unternehmen möchte, muss sich gut vorbereiten. Es ist in der Tat ein völlig anderes Planen oder Packen als bei jedem anderen Urlaub oder Kurztrip, den ich je gemacht hatte. Die Kunst liegt nicht im Einpacken, sondern viel mehr im Weglassen. Bereits beim Packen hatte ich bemerkt, dass es um eines geht: das Wesentliche.

Es geht um die Reduktion auf das Nötigste. Es geht hier nicht um schick und schön, sondern darum, was ist praktisch und nützlich.

Ich habe für mich keinen Anspruch auf Vollständigkeit, Perfektionismus oder dir den ultimativen Tipp hier zu geben. Wer wäre ich denn, als „Pilgeranfängerin" dieses zu tun? Ich weiß, es wird immer jemand geben, der es besser weiß, aber ich gebe dir hier meine Erfahrungen, mein Wissen, mein Herzblut und zum Teil die meiner Mitpilger gerne mit auf deinen Weg.

Außerdem habe ich noch viele erprobte Tipps, die dir das Wandern auf dem Camino erleichtern können! Man sagt, Pilgeranfänger erkennt man an ihren schweren Rucksäcken und an dem, was sie alles mitschleppen, Pilgererfahrene erkennt man an den leichteren Rucksäcken.

Ich habe immer wieder gehört, man sollte nicht mehr als 10 % seines Eigengewichtes als Gepäck mit sich schleppen. Das wird bei schlanken Frauen schnell schwierig und zu einem Problem. Doch sollte jeder selbst auf sich achtgeben und den Rucksack zuhause wiegen, inkl. der Tagesration an Wasser und Essen. Im Durchschnitt ist ein gepackter Rucksack mit ca. 8 Kilo zzgl. Tagesration Getränke und Co. in Ordnung.

Basics für die Packliste:

Bequeme Wander- oder Trekkingschuhe

> Bitte beachte, dass die Schuhe schon gut eingelaufen sind, um Blasen zu vermeiden. Es ist sehr zu empfehlen, wenn du noch nie wandern oder pilgern warst, dich fachkundig beraten zu lassen.

Bequemer Rucksack mit gutem Hüftgurt und Regenschutzhülle

> Ich hatte einen wirklich supergutten Rucksack, den ich gut einstellen konnte, nur war er viel zu groß. Ich hatte optimal gepackt und mehr

als 15 Liter oben leer und luftig. Der Rucksack war unnötig groß, die anderen Pilger, selbst die, die viel länger unterwegs waren, hatten oft nur 50 Liter Rucksäcke und Frauen auch mal nur 40 Liter.

Blasenpflaster

Ich hatte welches mit, doch ich habe es nicht gebraucht, aber viele mit Blasen gesehen. Auch haben viele Pilger gar kein richtiges Blasenpflaster benutzt, weil es die Blase abgedichtet hat und so die Heilung verschlechtert hatte. Viele haben sich die Blasen einfach getapt mit Hansaplast, dass sie auf der Rolle gekauft haben und das hat gut funktioniert.

Regenjacke/Regenponcho

Ich hatte mir einen Poncho gekauft, der dann auch über den Rucksack geht und ihn nur einmal kurz benötigt. Andere Pilger haben von Regentagen berichtet, bei denen sie nur Regenjacke und den Regenschutz für ihren Rucksack hatten und der Rucksack inkl. Inhalt nass geworden war.

Ich denke, es kommt auf die Jahreszeit an und du musst für dich entscheiden, was für dich stimmig ist.

Wanderhose

Ich hatte eine Trekkinghose, die ich hochkrempeln konnte und eine kurze Hose dabei. Viele hatten die berühmten „Zipp-off-Hosen" an und ich muss gestehen, ich bin zwar nicht der Typ dafür, aber ich werde sie mir für meinen nächsten Jakobsweg auf jeden Fall holen. Morgens vor Sonnenaufgang loszulaufen ist so wundervoll und macht Sinn, wenn es tagsüber sehr heiß wird, doch um 6 Uhr ist es oft noch sehr kalt und frisch.

Leichter Schlafsack

Wichtig: In den Herbergen gibt es nicht immer Decken und in manchen möchtest du auch nicht wirklich schlafen. Eine Freundin hatte einen „Hüttenschlafsack" der ihr oft zu dünn war und sie hat nachts gefroren. Der Schlafsack sollte klein und handlich sein und von den

Temperaturen bis ca. 10 Grad geeignet sein, so steht es in den Beschreibungen.

Trinkflasche/Trinkblase

Ich hatte eine gute Trinkflasche aus Alu dabei, andere hatten kleinere
Thermosflaschen, so erhitzt sich das Getränk/Wasser bis mittags nicht
so schnell. Zusätzlich hatte ich immer eine 0,5 Liter Wasserflasche dabei, die ich auch im Laufen aus der Seitentasche holen konnte und an
den Brunnen, die alle paar Kilometer in den Orten zu finden waren,
aufgefüllt habe. Die Flasche habe ich dann auch alle paar Tage ausgetauscht. Es ist nicht nötig, morgens mit 3 Liter Wasser loszulaufen, das
Gewicht ermüdet dich nur zu sehr. Ich habe nur ganz wenige mit einer
Trinkblase gesehen, das liegt wohl auch dran, dass die Pflege und Rei-
nigung unterwegs nicht immer einfach ist.

Regenhose/Jacke/Poncho

Du sollst für dich entscheiden, was für dich besser passt und vor allem, in welcher Jahreszeit du gehst. Im heißen Sommer wirst du vielleicht nicht unbedingt eine Regenhose und Jacke brauchen, da reicht
dir das Regencape sicherlich aus. In regenreicheren Monaten wird der
Weg oft sehr glitschig und matschig sein und du wirst froh sein, wenn
es nicht auch noch von unten her nass und kalt wird.

Regenhülle für den Rucksack

Wenn dein Rucksack keine integrierte Hülle hat und du dich für die
Variante „Regenjacke" entschieden hast, dann ist es ein MUSS. Viele
Rucksäcke sind zwar regenabweisend, jedoch nicht regenfest und
nichts ist nach einem Regentag unschöner als ein nasser Schlafsack
und nasse Klamotten.

Bequeme, strapazierfähige Kleidung, die der Jahreszeit und der Region ange-
passt sind

Wie wichtig das ist, erklärt sich von selbst. Du kennst deinen Weg, den
du gehen willst, deine Strecke und deine Jahreszeit. Wobei zu beach-
ten ist, dass es eine zweckmäßige, leichte, evtl. dunklere Kleidung ist,
die sich schnell waschen und trocknen lässt. Dazu eignet sich die Funk-
tionssport- und Outdoor-Kleidung sehr gut. In der Regel reichen zwei

komplette Garnituren, der Jahreszeit angepasst versteht sich. Ich habe noch zusätzlich je ein Paar Socken und Unterwäsche eingepackt.

Wandersocken

Einige haben sich spezielle Wandersocken gekauft mit hohem Schurwollanteil, die viel Feuchtigkeit speichern sollen und haben entweder bald Blasen an den Füßen oder Löcher in den Socken gehabt. Andere sind mit ihren normalen Baumwollsocken gelaufen und waren ohne Blasen unterwegs. Ich persönlich habe mir sehr gut sitzende Laufsocken mitgenommen, in denen ich auch für meinen Halbmarathon trainiert hatte und mit denen ich den Halbmarathon gelaufen bin. Ich hatte nicht eine einzige Blase. Auch hier gilt, schau was passt da für dich. Kaufe die Socken früher und laufe ein paar Mal damit. Die richtige Größe und Passform sind oft wichtiger als das Material, denn dann rutscht du weniger, es gibt weniger Reibung und somit weniger Blasen. Einige haben sich sogar Nylonstrümpfe unter die Wandersocken gezogen, was zwar die „Reibung" verringern sollte, jedoch nicht vor Blasen geschützt hatte. Probiere es aus!

Schlauchtuch/Buff/Multifunktionstuch

Du kennst das Multifunktionstuch, welches aussieht wie ein Schlauch mit vielen Funktionen? Als Halstuch, Schal über den Kopf gezogen dient es als Hals- und Nackenschutz, oder man kann es als Sturmhaube, Stirnband, Mütze, Piratentuch, Haarband, oder Augenmaske zum Schlafen nutzen.

Outdoor-Hut, Sonnenhut oder Mütze (je nach Jahreszeit)

Im Sommer brauchst du eine gute Kopfbedeckung, um dich vor der Sonne und einem Sonnenstich zu schützen und in den kälteren Jahreszeiten, zieht es gewaltig um die Ohren.

Kleines Nähzeug

Könnte, wenn du länger unterwegs bist sehr nützlich sein, denn manchmal bleibt man an einem Strauch oder Busch hängen oder es geht etwas kaputt. Die Nadel und Faden kannst du gut für die Blasen nützen (hatte Ich bereits beschrieben).

Kleines Reisehandtuch/Microfasertuch

Gibt es schon überall in Supermärkten oder Outdoor-Shops für günstiges Geld zu kaufen. Sparen Platz und vor allem sie trocknen sehr schnell.

Taschenmesser

Sehr nützlich, wenn man mal unterwegs eine „Brotzeit" oder wie ich als Schwabe sage ein „Vesper" machen möchte und sich sein Brot schneiden und schmieren möchte, oder einfach nur mal das Obst teilen. Man schont ein klein wenig die Pilgerkasse, wenn man nicht jeden Tag essen geht.

Stirnlampe/Taschenlampe

Wer auf dem Jakobsweg unterwegs ist, wird im Sommer gerne die Kühle des Morgens nutzen und aufbrechen, in den dunkleren Jahreszeiten ist es auch so oft noch dunkel beim Aufbruch. Deshalb bieten sich Stirnlampen an, da sie Vorteile bieten z.B. du hast beide Hände frei, das Licht folgt deinen Bewegungen des Kopfes, es ist somit immer dort, wo du es brauchst, und leuchtet deinen Weg aus. Ich hatte auch Menschen gesehen, die ihre Mobiltelefone nutzten und dann schnell der Akku leer war.

Sonnenbrille

Kann ich dir und jeder Optiker nur empfehlen.

Outdoor Sandalen oder andere, sehr leichte Haus- oder Ersatzschuhe

Sobald du in einer Herberge angekommen bist, ist es üblich, dass du die Wanderschuhe ausziehst und in ein dafür bereitgestelltes Schuhregal stellst. Aber egal, ob es Plicht ist oder nicht, du wirst selbst sofort das Bedürfnis haben, aus den Schuhen zu kommen und etwas Leichteres anzuziehen. Viele hatten einfache Flipflops mit, andere richtige Trekking-Sandalen, wieder andere leichte Turnschuhe.

Ich hatte mich für Trekkingsandalen entschieden, da ich zur Not auch eine Strecke mit diesen laufen konnte, wenn es nötig war auch damit duschen, oder sehr schick mit den Socken darin laufen.

Rucksackapotheke/Erste Hilfe- Set

Ich beschreibe dir hier meine Reiseapotheke und was ich mitgenommen hatte, du entscheidest, was du brauchst. Oder wie heißt es so schön: „Bitte fragen Sie Ihren Arzt oder Apotheker!"

o   Minz-Öl, ätherisches Lavendel-Öl oder ein anderes Mittel zur Muskelentspannung

o   Magnesiumpräparate

o   Evtl. ein ätherisches Öl z.b. Pfefferminze- bei Kopfschmerzen, Lavendel – zur Wunddesinfektion, zur Entspannung usw. oder aber als Duft für das Kopfkissen, welches nicht immer angenehm riecht.

o   Sonnencreme mit Lichtschutzfaktor

o   Ohrenstöpsel

o   Blasenpflaster, oder Tape-Pflaster, Rollenpflaster, wie z.b. von Hansaplast

o   Hirschtalgcreme als Fußschutz

o   Kleine Tube Voltaren oder Ähnliches

o   Persönliche Medikamente (z.b. Pille, Hochdrucktabletten oder was du sonst brauchst)

o   Kleine Nagelschere

o   Evtl. Wundcreme

o   Ibuprofen oder anderes Schmerzmittel

o   Notfallset, gegen Durchfall, Erbrechen, Erkältung oder Fieber

o   Kleines Näh-Set - Nadel und Faden

Hygiene- /Kosmetikartikel

o   Körperpflege, Duschgel oder Seife da gibt es wundervolle flüssige Produkte 18 in 1 oder Stückseifen 4 in 1 die du in jedem Biomarkt findest. Eignet sich hervorragend für Körper-, Haar, und Kleiderwäsche

- Sonnenschutz mit Lichtschutzfaktor
- Zahnbürste und Zahnpaste oder Konzentrat
- Toilettenpapier
- Kamm oder Bürste
- Evtl. 1-2 Einwegrasierer
- Damenbinden oder Tampons

Papierkram, Infomaterial, Elektronik

- Reisepass/Personalausweis + Reisedokumententasche
- Gesundheitskarte für die Krankenkasse mit Auslandsversicherungsschein
- EC- oder Kreditkarte + Reisegeldbeutel
- Pilgerausweis
- Pilger- oder Reiseführer (Straßen- oder Wanderkarte)
- Tagebuch und einen Stift
- Handy oder Smartphone mit Ladegerät (und evtl. eine Mehrfachsteckdose)
- Einen kleinen Fotoapparat mit Akkus und Ladegerät sowie zusätzliche Speicherkarten

Ggf. zusätzliche Ausrüstung fürs Pilgern

- Leichte Isomatte, oder wenn du zelten willst ein Zelt
- Leichte Wanderstöcke
- Kleines Sitzkissen (oder Kopfkissen)
- Campingbesteck (einen Göffel, Löffel und Gabel in einem) und einen kleinen leichten Teller, oder eben eine Brot- oder Frischhaltedose
- Kleine Zippbeutel, für diverse Einsatzmöglichkeiten
- Ein Stück Schnur oder Wäscheleine ca. 2 Meter

- Pajero (Multifunktional für Frauen besonders gut auch als Sichtschutz um das Bett herum geeignet, als dünne Kleidung, Rock oder Sonnenschutz im Sommer, als Schal im Winter, als Decke auf dem Boden beim Picknick, oder auch mal als Kopfkissenbezug zu nutzen usw.)

- Karabiner oder Sicherheitsnadeln, um noch nasse oder feuchte Kleidung am Rucksack zu befestigen

- Ohrstöpsel und „Augenbinde/Brille" um besser schlafen zu können

- Verschiedene raschelfreie Tüten oder Säckchen für die Wäsche

- Leichte Trinkflasche ca. 0,7 – 1 Liter

- Diebstahlsicherer Geldbeutel z.B. „Brust- oder Hüftbeutel"

- Kleiner ultraleichter Rucksack oder Tasche, um Kleinigkeiten einzukaufen und die Wertsachen bei sich zu tragen, während z.b. der Rucksack auf dem Bett liegt und du beim Duschen bist, oder sonst unterwegs. Ich habe meine Wertsachen darin beim Schlafen neben oder unter mein Kopfkissen gelegt. Die Tasche war auch sehr nützlich beim Hin- und Rückflug, da ich den Rucksack aufgegeben hatte.

20. Packliste kurz und knackig, zum Abhaken und Raus-nehmen

Rucksack & Tragen
- ○ Rucksack mit integrierter Regenhülle
- ○ 1 Jakobsmuschel oder Pin, Anstecker
- ○ Ca. 4 - 6 Zipp-/Kompressions-/Packbeutel
- ○ 1 Paar Trekkingstöcke oder Wanderstab
- ○ Diebstahlsicherer Geldbeutel
- ○ Kleiner Rucksack oder Tasche für die Wertsachen und für zwischendurch

Kleidung
- ○ 1 Paar Wanderschuhe oder Stiefel
- ○ 1 Paar Trekkingsandalen oder Flipflops
- ○ 2 - 3 Paar Wandersocken
- ○ 2 - 3 Slips
- ○ 1 Wanderhose evtl. Zipp-Off
- ○ 1 Wandershorts
- ○ 1 Freizeithose/Kleidchen
- ○ 1 Freizeithemd/-shirt
- ○ 1 Langarmshirt
- ○ 1 T-Shirt
- ○ 1 Fleece-Pulli oder Jacke
- ○ 1 Windjacke
- ○ 1 Halstuch, Schal oder Multifunktionstuch
- ○ 1 Regenhose
- ○ 1 Regenjacke/Poncho
- ○ Je nach Jahreszeit auch Unterhemden oder lange Unterwäsche

Schlafen
- ○ Schlafsack
- ○ 2 Paar Ohropax
- ○ 1 Schlafmaske

Sonnenschutz
- o Sonnenhut; Mütze; Kappe
- o 1 Sonnenbrille mit Brillenetui
- o 1 Sonnencreme mit hohem Lichtschutzfaktor
- o 1 Lippenpflegestift

Hygiene & Apotheke (bitte den Arzt oder Apotheker fragen)
- o 1 Handtuch möglichst Microfaser
- o 1 Naturseife z.b. Dr. Bronner's Magic Soaps Lavendel, für Haare, Körper und Klamotten (kann ich nur empfehlen)
- o 1 Zahnbürste
- o 1 Zahncreme Konzentrat
- o Rasierbedarf für Männer
- o Hygiene-Artikel für die Damen, z.b. Tampons
- o 1 kleine Nagelschere
- o Kamm
- o Deo Reise-Größe
- o Toilettenpapier
- o Taschentücher
- o Erste-Hilfe-Set, inkl. Medikamente für Fieber, Schmerzen und Durchfall
- o Mini-Nähset
- o Blasenpflaster, z.B. Compeed medium
- o Hirschtalgsalbe

Outdoor-Küche & Verpflegung
- o 1 Frischhaltedose mit Deckel
- o 1 Löffel und/oder Göffel
- o 1 Taschenmesser
- o 1 Schwämmchen, Geschirrtuch
- o 1 Trinksystem/Flasche
- o 3 Mülltüten
- o 1 Proviant z.b. Nüsse, Müsliriegel, Gewürze, Salz, etc.
- o 1 Wasser

Papierkram, Info-Material, Elektronik
- o Reisepass/Personalausweis + Reisedokumententasche
- o Gesundheitskarte mit Auslandsversicherungsschein
- o Tickets
- o EC- oder Kreditkarte + Reisegeldbeutel

- o Pilgerausweis
- o Pilgerführer, Straßen- oder Wanderkarte
- o Tagebuch und einen Stift
- o Handy oder Smartphone mit Ladegerät und Mehrfachsteckdose
- o Einen kleinen Fotoapparat mit Akkus und Ladegerät sowie zusätzliche Speicherkarten
- o Kleine Taschen- oder Stirnlampe

Sonstiges

- o Ca. 2 m Wäscheleine
- o Sicherheitsnadeln
- o Karabinerhaken
- o Mehrfachsteckdose

Literaturhinweise und Quellenangaben:

Ich erhebe keinen Anspruch hier einen Reiseführer oder gar Ähnliches zu kreieren und kann dir daher nur die Bücher empfehlen, die ich selbst gelesen habe oder den Reiseführer, der mich begleitet hat. Alles andere liegt in deiner Hand.

➤ **Meine Informationen und meinen Pilgerausweis habe ich hier in Deutschland bei der Jakobusgesellschaft bestellt:**
www.deutsche-jakobus-gesellschaft.de
Offizielle Bestellmöglichkeiten:
https://deutsche-jakobus-gesellschaft.de/pilgerausweis.html
https://www.jakobsweg.de/pilgerpass/

➤ **Mein Reiseführer aus dem habe ich euch viele nützliche Tipps weiter gegeben habe war:**
Outdoor - Der Weg ist das Ziel
Spanien: Jakobsweg Camono Francés
von Raimund Joos
ISBN: 9783866 864245

➤ **Meine sonstigen Lektüren:**
Natürlich habe ich vor Jahren das Hape Kerkeling Buch gelesen, bzw kurz zuvor den Film noch einmal gesehen:
Ich bin dann mal weg
Meine Reise auf dem Jakobsweg
ISBN: 9783492251754

Über die Autorin:

Gisa Steeg wohnt an der schönen Bergstraße und ist Mutter eines erwachsenen Sohnes.

Frau Steeg ist ausgebildete Handelsfachwirtin, Business Coach, systemische Beraterin, Autorin und Unternehmerin mit Erfahrung im Umgang mit Kunden aus mehr als 25 Jahren Tätigkeit im Marketing und Vertrieb. Ihr Spezialgebiet sind Seminare und Coachings rund um eine gesunde Persönlichkeit, Selbstbewusstseins- und Resilienztraining.

Sie hat die Methode Power Emotion Room, kurz PER entwickelt und unterstützt Menschen in ihren größten Lebenskrisen wieder in die Kraft und Lebensfreude zu kommen. Sie entwickelt mit ihren Klienten ein Steh-auf-Coaching und Resilienz-Programm. So schafft sie einen Raum für Achtsamkeit, Entfaltung und emotionalen Wachstum. Dadurch können emotionale Verletzungen, Blockaden und psychische Belastungen, die sich im Körper abspeichern, sowie durch gezielte Massagen und Coaching-Methoden gelöst werden.

Ihr Motto:
Krisen überwinden,
Lebensfreude finden!

Der #SpürbarstarkvonINNEN wurde von Frau Steeg geprägt.

Im Januar 2020 erscheint ihr zweites erstes Buch, klingt witzig, ist aber so und kann bei der Autorin in geänderter Form persönlich bestellt werden.

„Wie aus Wunden Wunder werden – So überlebst du Liebeskummer & Trennungen"

Gisa Steeg
www.gisa-steeg.de
www.power-emotion-room.de

Telefon: +49 (0) 152 33 92 17 26

Zeitfracht Medien GmbH
Ferdinand-Jühlke-Straße 7
99095 Erfurt, Deutschland
produktsicherheit@kolibri360.de